Fritz Köster *Christsein an der Wende*

D1872742

FRITZ KÖSTER

Christsein an der Wende

VISIONEN DER HOFFNUNG

VERLAG JOSEF KNECHT · FRANKFURT AM MAIN

Die Deutsche Bibliothek – CIP-Einheitsaufnahme
Köster, Fritz:
Christsein an der Wende : Visionen der Hoffnung / Fritz Köster. –
1. Aufl. – Frankfurt am Main : Knecht, 1991
ISBN 3-7820-0635-6

1. Auflage 1991. Alle Rechte vorbehalten. Printed in Germany.
© 1991 by Verlag Josef Knecht-Carolusdruckerei GmbH,
Frankfurt am Main.
Umschlaggestaltung: Atelier Warminski, Büdingen
Papier: holz- und säurefreies Werkdruck durch Ernst A. Geese, Hamburg
Gesamtherstellung: Druckerei Wagner GmbH, Nördlingen
ISBN 3–7820-0635–6

Inhalt

Uns bleibt zum Schlafen keine Zeit mehr, denn die Zeit schläft nie, sondern vergeht wie der Wind... Um etwas aufzubauen, muß man das Alte bis auf die Grundmauern niederreißen.

KATHARINA VON SIENA AN PAPST GREGOR XI., 14. JH.

Eine Kirche als »Volk Gottes« zu bauen, aus Materialien einer niedergerissenen Monarchie, ist schwer. Es geht nicht, bis erst jeder Stein anders gehauen ist, und dazu gehört Zeit.

NACH GEORG CHRISTOPH LICHTENBERG

Laßt euch als lebendige Steine zu einem geistigen Haus aufbauen, zu einer heiligen Priesterschaft...

1 PETR 2,5

Einführung

Am Anfang des vorliegenden Buches steht die Rede von Bischof Paulus. Es ist eine mutige Rede – mit unabsehbaren und von ihm nicht vorhergesehenen Konsequenzen. Hätte er die Folgen seines Vorgehens vorausgeahnt – er hätte seine Rede möglicherweise nicht so gehalten.

Andererseits stand er unter einem gewaltigen Druck. Denn er sah sich mit einer Situation konfrontiert, die schon einige Jahrzehnte vorher immer wieder vorausgesagt worden war. Infolge der verschiedensten Analysen und Auswertungen war vom »Ende der Volkskirche« schon lange die Rede gewesen, von »ausblutenden Gemeinden«, von »Gemeinden ohne Priester« und von »Hirten ohne Herde« …

Der in naher Zukunft bevorstehende »pastorale Kollaps« war schon seit vielen Jahren befürchtet worden. Auch die Gründe dafür hatte man nicht aufgehört zu diagnostizieren: die Seelsorge sei zu »versorgend« und »flächendeckend« gewesen; man habe die Menschen in ihrer konkreten Lebenssituation zu wenig bedacht; der gesellschaftliche Wandel habe säkulare emanzipatorische Entwicklungen eingeleitet, während die kirchliche »Totalbetreuung« religiös »infantilisierend« geblieben sei, schließlich auch zu klerusorientiert, so daß die normalen Christen sich immer mehr an Sekten bzw. religiösen Bewegungen orientierten als an den Autoritäten der Kirche selbst …

Andererseits war aber auch immer wieder die große Zahl der kirchlichen Mitarbeiter hervorgehoben worden. »Laien« hatten vermehrt angefangen, sich zu engagieren. Dennoch hatte das alles nicht verhindern können, daß die Menschen immer größere Distanz zur Kirche übten. Sogar Kirchenmitglieder entzogen sich immer mehr den »kirchlichen

Verpflichtungen«, obwohl von der Kirche immer wieder originelle »Angebote« gemacht, stets neue Antworten auf »Sinnfragen« versucht worden waren. Aber die irgendwie selbständig gewordenen Menschen hatten diese eher als eine andere Form von »Bauernfängerei« aufgefaßt, als neue Methoden der »Proselytenmacherei«. Von Ausnahmen abgesehen, waren sie eher mißtrauisch geblieben gegenüber allem, was da an »Evangelisierung« und »Neuevangelisierung« im Raume stand. Befand sich doch im Hintergrund die Sorge eines herkömmlichen kirchlichen Apparates, welcher mit allen Mitteln seine Anhängerschaft halten oder zurückgewinnen wollte – allerdings in einer immer schwieriger werdenden Konkurrenzsituation mit anderen Kirchen und Religionen.

In diesem »Todeskampf der Seelsorge« (N. Mette) entschloß sich Bischof Paulus zu einem ungewöhnlichen Schritt. Den äußeren Anstoß dazu gab der allzu frühe Tod eines seiner Pfarrer. Dieser hätte noch manche Jahre seinen drei Gemeinden vorstehen können, aber leider war es anders gekommen. Statt auf die Praxis zurückzugreifen, die ein paar Jahrzehnte geübt worden war und darin bestand, einem Nachbarpfarrer jeweils die eine oder andere Pfarrei »zuzutrauen« oder »zuzumuten«, entschloß sich Bischof Paulus, die Gemeinde auf eigene Füße zu stellen nach dem Motto: Wer keinen neuen Anfang wagt, den bestraft das Leben!

In der Gemeinde selbst verursachte das ungewöhnliche Vorgehen des Bischofs teils Zustimmung, teils Widerspruch, teils Empörung. Vor allem bei denjenigen, die mit dem bisherigen religiösen Versorgungssystem zufrieden gewesen und besonders »treu« bei der Stange geblieben waren, zeigten sich Unsicherheit und Kopflosigkeit. Hatte man nicht ein Recht auf all das, was bisher selbstverständlich gewesen war?

Nach längerem Hin und Her, Für und Wider, Spruch und

Widerspruch zeichneten sich dennoch ganz neue Erfahrungen ab. Es eröffneten sich Horizonte für andere Möglichkeiten. Zunächst zeigte sich, daß der vielzitierte »Winter in der Kirche« viele Keime des Christlichen und vor allem des Biblischen unter der Eis- und Schneedecke nicht zum Ersticken gebracht hatte. Die in der Phase der »Restauration« hervorgerufene neue Enge und Abgrenzung war von den meisten weder verstanden noch akzeptiert worden. Es zeigten sich im Gegenteil Impulse und Initiativen sogar bei bisher »Abständigen« und »Distanzierten«, die am geistigen Erbe des Evangeliums selbst großes Interesse zeigten, wenn auch nicht an der herkömmlichen Kirchlichkeit.

Viele in der Gemeinde, wie nie zuvor mit eigenen Problemen und Aufgaben konfrontiert, machten die Erfahrung, daß da »Funken aus geschlagenem Stein« sprühten und daß da – nach einem Wort Hugo von Hofmannsthals – neue »Landschaften der Seele« hervortraten. Gewiß, die meisten blieben auch weiterhin distanziert und abständig; andere zogen sich sogar gerade in dieser Situation zurück, weil sie es nicht gewohnt waren, Verantwortung zu übernehmen. Dafür gesellten sich aber unversehens Menschen hinzu, die für bestimmte christliche Grundwerte eine Sensibilität bewahrt hatten und die gerade darin eine lebbare Antwort gefunden hatten auf existentielle Sehnsüchte, die dem Menschen unaufgebbar innewohnen.

Erst im Laufe der Auseinandersetzungen wurde allmählich deutlich, daß da manches war, was die Menschen gemeinsam bewegte: der Wille zu eigener Sprachfähigkeit und der Unwille, stets zum Schweigen verurteilt zu sein; die Sehnsucht nach Licht in der Blindheit, nach Orientierung im permanenten Wandel, wie sie sich auf dem Weg zum Personsein wie auch in gesellschaftlichen Prozessen kontinuierlich als Aufgabe stellt; die Hoffnung auf Freundschaft und Gemeinschaft in der Einsamkeit der Masse; nach Schönheit und Wahrheit in den Banalitäten des Alltäglichen;

die Suche nach Kriterien zur Unterscheidung zwischen Schein und Sein...

Seltsam, daß man dies alles erst entdecken mußte in einer Situation, die es vorher nie gegeben hatte. Offensichtlich war der ursprüngliche Raum des »Katholischen« und »Konfessionellen« zwar eine schöne Heimstatt gewesen, aber auch eine allzu zugesperrte Welt für sich, die sich selbst genügte und kaum über sich hinauswies – vor allem nicht zur Konkretheit von Menschen gelangte, die ihre eigene Lebensgeschichte zu bewältigen und zu schreiben hatten.

Im vorliegenden Buch werden Vorgänge geschildert, die Menschen solidarisch zusammenführen, weil sie dieselben Situationen als die ihren erleben. Die von Christen ausgehenden Initiativen und Solidarisierungsprozesse werden zu »Hauskirchen« und »Kleinkirchen« mitten in einer säkularisierten Welt. Sie sind zwar klein und unscheinbar, entfalten aber doch die evangelische Kraft, um wieder Sauerteig der Welt und Salz der Erde werden zu können. Sie sind durch und durch getragen und geprägt von den Eigenschaften der »Menschlichkeit« und »Christlichkeit« insofern, als sie versuchen, im Umgang mit der eigenen Lebenswelt das Denken und Handeln Jesu maßgeblich werden zu lassen für ihr eigenes Denken und Handeln.

Daran wird hier exemplarisch deutlich, welche Form, Gestalt und Bedeutung »Kirche« von morgen in einer säkularisierten und desinteressierten Umwelt haben kann. Die hier entwickelten Gedanken sind die Weiterführung der Bücher »Kirche im Koma?« (Frankfurt 1989, 2 Auflagen) und »Autoritätenwechsel« (1990). Im ersten Buch wurde die These vertreten, daß die herkömmliche mittelalterlich-monarchische Kirche keine Zukunft hat, weil ihre juridischen, abstrakt-theologischen wie überhaupt geistigen Denkprozesse in den Augen moderner Menschen wie ein fremder Planet erscheinen, da sie weitgehend im Gegensatz zur eigenen Lebenswirklichkeit stehen. Im zweiten Buch wurde der »Autoritätenwechsel« seit der Aufklärung näher analysiert. Früher waren Pfarrer, Bürgermeister und Lehrer, Päpste, Bischöfe und Staatsoberhäupter selbstverständlich hingenommene Autoritäten. Und natürlich das, was sie vertraten: dogmatische Lehren, moralische Vorschriften, traditionsreichen und folkloristisch geprägten Glauben. Heute leben die Menschen mit anderen Autoritäten: ihre eigene Lebensgeschichte und Lebenserfahrung, ihre eigene Freiheit und ihr eigenes Gewissen, ihre Kreativität und der Wille, das Leben selbst in die Hand zu nehmen und mit anderen zu gestalten.

Im vorliegenden Band wird beispielhaft geschildert, daß solche moderne Freiheitsgeschichte durchaus mit der christlichen beziehungsweise biblischen Botschaft in Einklang stehen kann. Was ihr vom herkömmlichen Kirchenverständnis her widerfuhr, war – bei aller, wenn auch zögernden Bejahung und Akzeptanz – ihre konkrete Ignorierung und damit das Fehlen dessen, was das Gebot der Stunde ist: ihre lebensnahe Einübung. Im Sinne *S. Kierkegaards* wird hier die konkrete *Einübung ins Christentum* geschildert. Sie geht von Menschen aus, weniger von kirchenamtlichen Beteuerungen und Verlautbarungen.

Dabei wird die neuzeitliche Wirkungslosigkeit kirchenamtlicher Entscheidungsprozesse nicht behauptet. Sie ist vielmehr eine geschichtliche Erfahrung, was einzusehen viele Jahrzehnte gedauert hat. Deshalb werden auch die hier geschilderten Selbstdarstellungen von Initiativgruppen und »Hauskirchen« ins nächste Jahrtausend verlegt. Von der Lebenserfahrung und Praxis des Christseins im zweiten oder dritten Jahrzehnt des 21. Jahrhunderts wird der Blick in unsere Gegenwart zurückgelenkt. Damit wird zum Ausdruck gebracht, daß die Zeit noch nicht reif ist für wirklich konsequente Strukturveränderungen in der Kirche. Im Sinne von *G. Chr. Lichtenberg* braucht es viel Zeit und vielleicht auch mancher, nicht mehr rückgängig zu machender geschichtlicher Verirrungen, verbunden mit den Erfahrungen der Ergebnislosigkeit und Frustration, um eine Kirche als »Volk Gottes« zu bauen. Es geht erst, nachdem aus den Materialien einer niedergerissenen Monarchie jeder Stein anders gehauen ist.

Andererseits werden schon im ersten Petrusbrief (2,5) die Christen aufgefordert, »lebendige Steine« zu sein, eine »heilige Priesterschaft«. Insofern hat die Zukunft immer schon begonnen. In den bedrängenden und atemberaubenden Wandlungsprozessen der Neuzeit hat sie jedoch eine jahrhundertelang vergessene drängende Aktualität und Notwendigkeit erhalten. Angesichts einer Welt, die das Ursprüngliche des christlichen Anliegens immer mehr verdrängt oder einfach nur ignoriert, sind Christen wie lange nicht gezwungen, herkömmliche Denkmuster fallenzulassen, wenn sie auch noch so lieb und teuer geworden sind. Wenn es auch langer und blutiger Erfahrungen bedurfte, so hat sich doch herausgestellt, daß sich durch sie keine Frage von Belang mehr lösen läßt. Dabei zeigt sich aber auch, daß die »alten Denkmuster« des Evangeliums gar nicht alt sind. Das Neue aus dem »Alten« der nie sterbenden jesuanischen Botschaft herauszuholen – das ist das Gebot der Stunde.

Wo die Dynamik Gottes in der Dynamik von Menschen wiederentdeckt wird, da entsteht ein neuer Sinn für die Gaben und Grenzen jedes Menschen, durch die Gott sein schöpferisches und erlösendes Schaffen vollenden will. Es wächst aber auch das Bewußtsein, daß Zukunft nicht programmiert werden kann durch offizielle Verlautbarungen und kirchliche Dokumente – es sei denn, daß deren Urheber bereit sind, die *Geschichte*, Heils- und Unheilsgeschichte zugleich, als die eigentliche Lehrmeisterin der Menschheit zu erkennen und hellhörig zu sein für geschichtliche Situationen und »Zeichen der Zeit«.

Diese sind immer *zeitbedingte Herausforderungen* mit verschiedenen Namen. Zum Beispiel das Faktum der schwindenden Kirchlichkeit und Religiosität; das religiöse

Fragen und Suchen außerhalb der großen Konfessionen; die Emanzipation der Laien; die Problematik der Ungerechtigkeit und des Hungers in der Welt; die Erhaltung der Schöpfung; Friedenserziehung...

Je nachdem, ob sich Christen den geschichtlichen Herausforderungen innerhalb und außerhalb der Kirchen stellen oder sie – im Guten verhärtet (Thomas von Aquin) – geflissentlich übersehen bzw. verdrängen, wird »Reich Gottes« aktualisiert oder es wird verhindert. Insofern wird die kommende Zeit weniger von festen Kirchenbauten bestimmt sein als vielmehr von christlichen Initiativgruppen und Hauskirchen, die bereit und fähig sind, sich den Anforderungen der Zeit zu stellen. Daß sie das Missionarische und Prophetische des Glaubens wieder zum Tragen bringen, zeigt sich allein schon durch die Tatsache, daß gleichgesinnte »Neuheiden« zu ihnen stoßen, die nach einem Wort des Kirchenvaters *Tertullian* »drin« sind, obwohl sie »draußen« sind, und die solche beschämen, die »draußen« sind, obwohl sie »drin« sind.

Denn die Zukunft des Christentums hängt davon ab, daß es zurückfindet zu einer Glaubenspraxis mit einer konfessionssprengenden und religionsüberschreitenden Kraft. Das Evangelium wurde von Anfang an als Botschaft an alle Menschen guten Willens verstanden. Sie muß auch zukünftig wieder Menschen engagieren, die des Hörens und Sehens fähig geblieben sind.

Die Vorstellung, daß ganz andere Formen des Kircheseins, als es Christen in Europa seit Jahrhunderten gewohnt sind, möglich sind und in einer nachchristlichen säkularisierten Welt wieder möglich werden sollten – um der Weitergabe des Evangeliums willen –, stützt der Verfasser auf seine Erfahrungen während seiner Arbeit in und mit Kirchen der Dritten Welt. Tausende Gemeinden waren dort immer schon – bei der großen und rapide anwachsenden Christenzahl – »priesterlos«. Da gab es immer schon die engagierten

Männer und Frauen in den Dörfern und auf den Missionsstationen, die unverzichtbare Dienste und Aufgaben übernahmen – bis zur Leitung von Gemeinden.

Wo man sich noch nie auf die Pflege liebgewordener Traditionen konzentrieren mußte, wo es noch nie einen genauer zu beobachtenden Vorschriftenkatalog von Kult- und Klerusveranstaltungen gab, wo die »Dynamik des Provisorischen« (Roger Schutz) noch eine große Rolle spielen konnte und damit auch die Kunst des Gestaltens und spontanen Reagierens auf Anforderungen des Augenblicks, da wuchs eine Vielfalt von Erfahrungen bei der Weitergabe des Evangeliums durch bewährte Männer und Frauen. Nicht umsonst fand sich deshalb in den Jahrzehnten nach dem 2. Vatikanischen Konzil die selbstverständliche Bereitschaft in vielen Ländern, solch bewährten Leuten die Vollmacht zu Eucharistiefeiern zu übertragen.

Die afrikanische Theologie und die Theologie der Befreiung mit ihrem »Basiskonzept« vom »Volk Gottes« eröffneten schon frühzeitig eine Fülle von Einsichten, daß ein dynamisches Christentum auch unter schwierigen Verhältnissen möglich, ja sogar notwendig ist, wenn die religiöse Initiative nicht vollständig an Sekten bzw. suspekte Bewegungen verloren gehen soll. Wahrscheinlich ging die Initiative an »die anderen« an den Orten und zu den Zeiten besonders verloren, wo es den im Guten verhärteten Christ-Gläubigen erfolgreich gelang, ihre liebgewordenen und deshalb unveränderbaren Einsichten mit Autorität und Härte durchzusetzen – leider mit der nicht unbedeutenden »Nebenwirkung«, dabei das Wirken des Heiligen Geistes in der Menschen-, Menschheits-, und Kirchengeschichte zu leugnen. Insofern hat sich gerade in der Neuzeit die »Sünde wider den Heiligen Geist« als die verheerendste erwiesen.

Andererseits hat sie an einen religiösen Nullpunkt geführt, der nach langen Verzögerungsmanövern doch vielen, um des christlichen Überlebens willen, zu neuen einschneidenden Maßnahmen Anlaß gab. Das vorliegende Buch will darüber berichten und Anstöße geben zu Fragen der »Evangelisierung« und »Inkulturation« in der säkularisierten Welt. Sie sind nur »vom Menschen her« möglich. Denn seit Jesus von Nazareth führen alle Wege Gottes über konkrete Menschen, über ihre Gaben und Grenzen, über ihre Erfahrungen und Einsichten, über ihre Verirrungen und Kurskorrekturen, über ihre Sehnsüchte und Hoffnungen – letztlich über alles, was die menschliche Geschichte in Gang hält und was ihre Tragik und Größe ausmacht. Gerade in den Niederungen und auf den Höhen einer jeweiligen Zeit erweist sich Gott als Begleiter und Inspirator menschlicher Wege – als einer, der immer dabei ist, wo Menschen in seinem Namen versammelt sind (vgl. Mt 18,20).

Die Rede des Bischofs: Einen neuen Anfang wagen!

Es hat ziemlich lange gedauert, bis die offizielle Kirche begriff, daß sie pastoral und theologisch am Ende war. Äußeres Indiz dafür war die große Zahl von Gläubigen, die ihr den Rücken kehrte. Dabei hatte es in der zweiten Hälfte des 20. Jahrhunderts zahlreiche mutige Erneuerungsversuche gegeben. Da waren *das Konzil* und in seinem Gefolge eine große Anzahl von Diözesan- und landeskirchlichen *Synoden* in Lateinamerika, Afrika, Europa...

Gewiß, mit ihren mutigen und zukunftsweisenden Schritten haben sie beim »einfachen Volk« eine ziemliche Unsicherheit in herkömmlich sicheren Glaubensfragen hervorgerufen – vor allem bei denjenigen, die bei ihrem Selbstverständnis als Menschen und Christen die frische Luft nicht vertragen konnten, die durch die offenen Fenster und Türen ging. Anstatt wieder zu lernen, daß die persönliche Glaubensgeschichte eine Weggeschichte ist, die mit Fragen und Suchen, mit Ungewißheiten und Wagnis etwas zu tun hat, bekamen sie einen Schnupfen.

Gegen solche *Erkältungskrankheiten* hätte die Kirche schnell einen Antivirus entwickeln und damit gegenüber den Stürmen des Säkularismus und Atheismus mehr innere Festigkeit und Stabilität gewinnen können. Statt dessen meldeten sich immer nachhaltiger die Kräfte der *»Restauration«* zu Wort – anscheinend zunächst bei denen, die die Fahrt auf die offene See mit ihren Unberechenbarkeiten offenbar nicht kannten, und die vor allem noch keinen eigenen Selbstand, noch kein eigenes Gewissen zu gebrauchen gelernt hatten, um damit selbst gehen und fahren zu lernen. So waren viele einzelne, aber auch Gemeinden – einmal mit dem Boot vom

Ufer abgestoßen – des festen Bodens beraubt, und sehr schnell erschallte aus vielen Ecken der Weltkirche der Ruf: Herr, rette uns, wir gehen zugrunde!

Der Herr ließ nicht lange auf sich warten. Er erschien in der Gestalt mächtiger, gut plazierter Hirten der Kirche. Eigentlich selbst in ihrem dogmatischen und rechtlichen Gehäuse unsicher geworden – denn Konzil und Synoden wollten eher »pastoral« sein –, kam ihnen der Ruf nach Restauration gerade recht. Tatsächlich hatte die Kirche eine Restauration nötig. Sie wurde mit allen Mitteln von denen betrieben, die im Konzil und in den weltoffenen und menschenbewegenden Pastoralsynoden die Ursache für die wachsende Unkirchlichkeit vermuteten und deshalb mit Schuldzuweisungen nicht sparten.

Ihre Restauration hat sich allerdings schon relativ schnell als eine Geisterfahrt erwiesen: Sie fand auf der falschen Spur statt und lief in die falsche Richtung; denn sie war nichts anderes und sie wollte auch nichts anderes sein als die Wiederherstellung einer alten Kirchenzucht und Kirchenordnung, wie sie im Mittelalter und danach gängig gewesen waren und wie sie im Zeitalter der Gegenreformation noch möglich waren und wirksam vertreten werden konnten. Als dann kirchenamtlich immer mehr zu Mitteln gegriffen wurde, die mit religiösem Imperialismus früherer Zeiten vergleichbar waren, als Andersdenkende immer mehr zum Schweigen gebracht wurden, als immer mehr bekannt wurde, daß die Freiheit der Theologie als Wissenschaft nicht mehr in jedem Fall gewährleistet war, da liefen die Gläubigen einer solchen Art der Restauration noch mehr und noch zahlreicher davon.

Es stellte sich dabei heraus, daß viele Gläubige durchaus nach einer Restauration, jedoch von einer anderen Art, nach einer wirklichen Wiederherstellung Ausschau hielten, weil sie eine solche als dringend erforderlich ansahen. Aber es hätte eine *Restauration der Liebe* sein müssen, eine Wiederherstellung der Taten Jesu im Herzen der Christenheit. Die sie forderten, hätten sich gerne von dem immer wiederkehrenden Argument überzeugen lassen, daß es nur denen zusteht, die Kirche zu lenken und auf den rechten Weg zu bringen, die die Inhaber der wahren Ämter und Vollmachten sind, die auf dem Boden der apostolischen Tradition ihre Rechte wirksam zu vertreten berechtigt sind.

Aber die Menschen – immer mehr im biblischen Denken geschult und am Eigentlichen der Botschaft Jesu ihr Interesse wahrnehmend – hatten zu unterscheiden gelernt zwischen der herrschaftlichen Jurisdiktionsgewalt früherer Königshäuser und Fürstentümer, die in die Kirche eingedrungen war, und der *apostolischen Tradition der Glaubenserhaltung und der Liebeseinübung*, die es Christen hätte gestatten müssen, sich selbst und andere Menschen so zu sehen, wie Jesus es getan hatte.

Dieser hatte die Sonne Gottes aufgehen lassen über Guten und Bösen, über Großen und Geringen. Vor allem den unglücklichen und gescheiterten Existenzen hatte er den Reichtum einer eigenen Würde gegeben, er hatte sie die Größe ihres eigenen Lebens vor Gott entdecken lassen, er hatte ihnen ihre vielleicht größten »Fehler« verziehen, nämlich ständig aus dem Gefühl der eigenen Armut und Minderwertigkeit leben zu müssen. Dagegen hatte er auf Formen von Armut, Blindheit, Gefangenschaft und Zerschlagenheit aufmerksam gemacht, die dem Menschen innerlich sind und die sich allzu oft bei denen finden, die sich als wichtig, mächtig und einflußreich in Kirche und Gesellschaft zu etablieren gewohnt sind.

Wie gesagt: Im Gedächtnis des gläubigen Volkes hatte sich durchaus das Bewußtsein erhalten, daß sich eine »apostolische Nachfolge« historisch vielleicht sogar stichhaltig belegen ließ. Es war ihm ja lange genug eingehämmert worden. Aber die »andere« apostolische Nachfolge des Glaubens und der Liebe war doch entscheidend wichtiger geworden. So erwies sich jede »Jurisdiktionsgewalt« wie ein Haus, in dem man gerne hätte wohnen wollen, welches sich aber als eine Wohnstatt ohne Möbel und ohne Inventar entpuppte, als ein Gehäuse ohne Häuslichkeit, weil die Kraft der Nachfolge Christi auf weiten Strecken abhanden gekommen war.

Es fehlte somit der *substantielle Inhalt*, der die modernen und »modernistisch« eingestellten Menschen wenigstens in eine Entscheidungssituation zwischen Christus und den Dämonen dieser Welt hätte stellen können. Eine mit den zutage tretenden Mechanismen der Schweigepflicht, der Einschüchterung und Angst betriebene »Restauration« ließ sich dagegen schnell und unabänderlich ad absurdum führen. So wäre eigentlich nach den Jahren der Restauration von »Gesetz und Ordnung« nichts als Chaos übrig geblieben, wenn es da nicht die Menschen und Gruppen guten Willens gegeben hätte, die sich ihre eigene Restauration geschaffen haben. Sie bestand in der Wiederbelebung humaner und evangelischer Werte, die sich in der gelebten Praxis als offen für das von Jesus verkündete Reich Gottes erwiesen und, allen kirchlichen und gesellschaftlichen Hoffnungslosigkeiten zum Trotz, zu neuen christlichen Hoffnungsversuchen wurden.

In unserem Gebiet wurde *Bischof Paulus* derjenige, der sich nach dem langen, offiziell nicht eingestandenen pastoralen Kollaps zu mutigen Entscheidungen entschloß. Der Anlaß dazu war ein ganz gewöhnlicher bzw. beinahe alltäglich sich wiederholender Vorfall: Der Pfarrer einer Gemeinde war gestorben, besser gesagt, der Pfarrer von drei Gemeinden. Denn seit mehreren Jahren war es üblich geworden, daß eine oder mehrere priesterlose Gemeinden einem Nachbarpfarrer zur amtlichen und sakramentalen Verwaltung zugeschlagen wurden. Für manche, zumal wenn sie selbst schon krank und alt waren, wurde diese Ausweitung ihrer Kompetenzen und Pflichten eine übergroße Belastung;

manche hingegen ließen diese Mehrbelastung gerne an sich geschehen, vielleicht schon deshalb, weil eine doppelte oder dreifache Wiederholung derselben Aufgaben nicht unbedingt ein Mehr an Zeit und Anstrengung für die Vorbereitung bedeutete. Zudem wurde ihnen meistens noch ein »Haupt-« oder »Nebenamtlicher« zur Seite gestellt, der Garant dafür sein konnte, daß das herkömmliche Funktionieren des pastoralen Betriebes gesichert erschien – vielleicht nur mit dem einzigen Unterschied, daß aus früheren Kleinbetrieben Großbetriebe geworden waren, die allerdings die Aufgabe der »Seelsorge« immer unerledigter werden ließen. Eher lebten die Betreuer der Großgemeinden von der Hand in den Mund, was die Termine von Veranstaltungen und für »Angebote« anging, die Gottesdienste an Wochenenden oder die sogenannten »Kasualien« aus Anlaß einer Tauffeier, der Erstkommunion oder einer Beerdigung.

Wie gesagt: Lange Zeit schien dieses System der Konzentrierung vieler Aufgaben auf immer weniger geweihte Amtsträger zu funktionieren. So erwarteten naturgemäß die drei Gemeinden, deren Pfarrer gestorben war, keinen Nachfolger. Daß nicht damit zu rechnen sei, war ihnen schon früher mitgeteilt worden. Vielmehr erwarteten sie, in Zukunft von der Nachbarpfarrei mitbetreut zu werden – von einem Pfarrer, der allerdings auch schon eine Pfarrei zusammenhalten mußte, die aus ehemals drei selbständigen Gemeinden bestand.

Statt der brieflichen Bestätigung dieser Annahme erhielten vielmehr die drei Pfarrgemeinderäte der verwaisten Gemeinden einen Brief ihres Bischofs, der einen Besuch bei ihnen ankündigte. Ein Bischofsbesuch zu einer Gemeindeversammlung – das war noch nie dagewesen! So wuchsen die Aufregung und das Rätselraten darüber, was der Bischof ihnen wohl sagen würde. Endlich kam der Samstagnachmittag heran. Es hatten sich nicht nur die drei Pfarrgemeinderäte fast vollzählig eingefunden, auch Vertreter von Vereinen und Verbänden, ebenso viele interessierte Christen, sogar Jugendliche, die sonst während des Jahres kaum jemand in der Kirche oder bei kirchlichen Veranstaltungen zu sehen bekam.

Nach einigen offiziellen und etwas steif-feierlichen Begrüßungsworten an den Bischof, gesprochen von denen, die dazu auserwählt worden waren, ging der Bischof ziemlich unmittelbar zur Tagesordnung über. Er hielt an die Anwesenden *folgende Rede:*

»Liebe Mitchristen, Schwestern und Brüder im Glauben! Ich freue mich, daß ihr da seid und damit euer Interesse am Fortgang kirchlichen Lebens in euren Gemeinden bekundet. Vor einigen Wochen ist euer Pfarrer gestorben, der sehr viele und unverzichtbare Aufgaben für euch und mit euch gelöst und gemeistert hat. Nun richtet ihr natürlich die dringende Frage an mich: Wie geht es weiter? Nun, ich bin gekommen, diese Frage an euch zurückzugeben. Wie kann es weitergehen? Diese Frage sollten wir alle behutsam angehen und nicht allzuschnell zu beantworten versuchen. Es wird weitgehend von euch abhängen, wie die Antwort ausfallen wird. Ich selbst bin außerstande, überall in der Diözese sich ähnlich stellende Fragen noch hinreichend einer Lösung zuzuführen.

Gewiß, ich gebe zu, daß wir in den letzten Jahren und Jahrzehnten versucht haben, den immer akuter werdenden *Priestermangel* mit unzureichenden Mitteln entgegenzuwirken. Wir haben die Gemeinden immer größer werden lassen und die wenigen Priester immer größeren Belastungen ausgesetzt dahingehend, daß sie immer mehr zu Konkursverwaltern degradiert wurden, zu Funktionären, die zur eigentlichen Aufgabe der Seelsorge und Pastoral keine Zeit mehr fanden und keine Kraft mehr aufbrachten.

Äußerlich auf besorgniserregende Weise sichtbar wurde dieser Tatbestand durch das Entstehen und dynamische

Wachsen von Sekten und zweifelhaften religiösen Bewegungen, die den Menschen mehr religiöse Heimat und Geborgenheit zu geben vermochten, als wir noch dazu in der Lage waren. Wo nicht außerkirchliche religiöse Gruppen ausschlaggebend wurden, da fand dennoch ein Massenauszug von der priesterlichen zur *ärztlichen oder psychotherapeutischen Seelsorge* statt. Jedenfalls stets zum Nachteil unserer kirchlichen Aufgabe, was zu einem verheerenden *Ausbluten unserer Gemeinden* geführt hat.

Anstatt effektiv etwas dagegen zu unternehmen, haben wir ›Durchhalteparolen‹ ausgegeben und den Himmel bestürmt, er möge uns wieder mehr Priesterberufe schenken. Gott hat uns diesen Gefallen nicht getan. Gewiß, in einigen Ländern der Welt schien es zeitweilig so, daß Papstreisen und Bischofsappelle zu gewissen gewünschten Erfolgen führten. Aber in den meisten Ländern schrumpften die Gemeinden weiterhin zusammen. Die nötigen Berufe blieben aus – zumal der Geist des Säkularismus und Materialismus weltweit vor keiner Landesgrenze mehr halt machte.

Ich frage mich heute: Was will Gott uns damit sagen? Will er, daß wir andere Wege gehen und andere Lösungen suchen? Bei mir selbst hat es lange gedauert, bis ich solche Fragen überhaupt an mich herankommen ließ. Wir, die wir in *bestimmten Traditionen* groß geworden und vielleicht auch in festen *theologischen Schablonen* erzogen worden sind, haben eigentlich nie daran gedacht, daß Gott ›Zeichen der Zeit‹ zu setzen vermag, die herkömmliches kirchliches Denken sprengen. Für uns Bischöfe und Theologen war es immer eine ausgemachte Sache, daß Gemeinden hauptsächlich und nahezu ausschließlich durch geweihte Amtsträger lebensfähig sind. Deshalb waren wir jahrhundertelang auf die Frage nach dem ›richtigen‹ Amtsverständnis fixiert. Wir stellten uns Christus dabei vor wie den Herrn der Kirche, wie den Bräutigam einer Braut, wie einen Erlöser, der jeder Gemeinde vorausgeht und über ihr steht.

So wurden auch die Päpste, Bischöfe und Priester immer mehr Repräsentanten, Stellvertreter, Erscheinungsform Jesu Christi auf Erden. Sie wußten sich in besonderer Weise von Gott berufen, von Christus durch die Weihe in Dienst genommen und befähigt, Christi Wirklichkeit in der Kirche zu repräsentieren: in der Liturgie des Wortes, in der sakramentalen Feier, im Leitungsdienst...

Allerdings ist diese Vorstellung immer mehr vom mittelalterlichen Denken vereinnahmt worden. »Kirche« ist immer mehr eine *Kirche ›von oben nach unten‹* geworden. Immer mehr wurde die Unterscheidung getroffen zwischen *zwei Ständen* in der Kirche: zwischen Priester und Volk, zwischen den Geweihten und Ungeweihten, zwischen Klerus und Laien. Weil sich in früheren Jahrhunderten zudem große Volksmassen taufen ließen, zeigte sich immer mehr die Anonymität und Vermassung der Gemeinden, verbunden mit der verhängnisvollen Spaltung zwischen dem Klerus und dem Volk, die sich in ihrem Denken und Verhalten gegenseitig immer mehr entfremdeten.

So waren äußere *Spaltungen* und *Schismen* in der Kirche letztlich nur Erscheinungsformen einer inneren Entfremdung, der man allzuoft kirchenamtlich nur noch dadurch beizukommen versuchte, daß die Inhaber der Leitungsgewalt durch Zwangsmaßnahmen Streitigkeiten und Meinungsverschiedenheiten aus der Welt schaffen zu können glaubten. Auferlegte *Bußschweigen*, *Exkommunikationen* und *Verketzerungen* waren ja nur Indizien dafür, daß schon längst vorher der Geist der Brüderlichkeit und Geschwisterlichkeit abhanden gekommen war. Und Leuten, die meinen, daß die Kirche sich nie an ›die Welt‹ anpassen dürfe, kann man nur entgegenhalten, daß gerade die übergroße Anpassung der früheren Kirche an mittelalterliche Denk-, Macht- und Herrschaftsstrukturen dazu geführt hat, daß in vielen Bereichen die Kirche Jesu Christi aufgehört hat, die Kirche Jesu Christi zu sein.

Wie können wir wieder mehr und eindeutiger Kirche Jesu Christi werden? Mir scheint dies die entscheidende Frage zu sein, die uns zu beantworten auferlegt ist. Vielleicht wird dabei die Frage nach dem Amt ziemlich sekundär. Primär wird in Zukunft die Frage nach der *Glaubwürdigkeit des Evangeliums*, die ja nicht durch viele Reden oder intelligente Definitionen bezeugt werden kann, sondern durch die überzeugende Praxis und Weitergabe dessen, was Jesus wirklich gewollt hat. Wenn es auch schwierig ist, eine solche Frage schnell und eindeutig zu beantworten, so scheint doch eines von übergeordneter Bedeutung für ihn gewesen zu sein: die Ankündigung des Reiches Gottes vom Menschen her, die Aktualisierung der Zukünftigkeit Gottes im Hier und Heute in der Versammlung derer, die in seinem Namen zusammenkommen und in seinem Namen eine Gemeinschaft des Glaubens, der Hoffnung und der Liebe zu sein versuchen. Dabei wird *jeder Mensch* ohne Ausnahme *von Bedeutung*. Alles, was Gott von Anbeginn der Welt und der Schöpfung im Menschen grundgelegt hat, soll Baustein sein zur anfänglichen Verwirklichung der messianischen Heilszeit im Hier und Heute.

Wenn ich hier in die Runde der Versammelten schaue, sehe ich eine *Mehrheit an Frauen*. Dabei kommt mir in den Sinn, daß die jesusferne Entwicklung der Kirche gerade den Frauen viel Unrecht zugefügt hat. Wohlgemerkt, nicht im Namen Gottes und des Evangeliums, sondern im Namen einer schnöden Anpassung der Botschaft Jesu an patriarchalische Formen der früheren Gesellschaft, in deren Folge die Kirche nichts anderes wurde als eine Männergesellschaft mit Titeln und Namen wie »Vater«, »Rabbi« (= mein Großer), »heiliger Vater«, »Lehrer« – alles Funktionsbezeichnungen und Symbole, die auch in der Kirche Herrschaftsverhältnisse schufen bzw. zementieren halfen. Wie gesagt: gegen die ausdrückliche Weisung Jesu! (vgl. Mt 23, 8–12; Mk 10 29 f; Joh 13, 1–20).

Solche Entwicklungen waren naturgemäß angetan, die völlig anders gemeinte Art des Umgangs der Christen untereinander zu verhindern und das Eigentliche der Botschaft Jesu im Keime zu ersticken, das heißt, die Darstellung des schon jetzt aufleuchtenden Gottesreiches. Um dieser ›Darstellung‹ willen hätte es beispielsweise keine Zurücksetzung der Frauen geben dürfen, ebensowenig wie eine Zurücksetzung andersdenkender ›Heiden‹, der Armen, der Gescheiterten, der Kinder (vgl. Mk 15, 40 f; Lk 8, 1–3).

Um die *neue Ordnung des Reiches Gottes* deutlich zu machen, hat Jesus auch Frauen berufen und in seinen Dienst gestellt. Paulus hat dieses Anliegen konsequent aufgegriffen und vertieft. Auch bei ihm spielten ›Jüngerinnen‹, Mitarbeiterinnen und Mitkämpferinnen für das Evangelium, missionarische Ehepaare eine große Rolle: Aquila und Priska (Röm 16, 3–5); Evodia und Syntyche (Phil 4,2 f); Maria und Tryphäna (Röm 16, 6–12); Andronikus und Junia (Röm 16, 7) – jene *Junia* übrigens, die er als ›angesehen unter den Aposteln‹ bezeichnet und die tatsächlich bis ins Mittelalter als weiblicher Apostel verehrt wurde. Dann erst wurde ihr Name männlich umgedeutet, weil man nicht mehr wahrhaben wollte, daß in der Frühzeit der Kirche eine Frau Apostel genannt wurde.

Gerade am Beispiel der *Apostelin Junia* wird deutlich, was in der Kirche ›Tradition‹ nicht sein darf bzw. sein dürfte. Wir Katholiken berufen uns mit Recht auf *Bibel und Tradition*. Also nicht nur die Bibel, nicht ›sola scriptura‹. Auch die Tradition. Aber was für eine? Mir scheint, daß die Tradition zur dynamischen Entfaltung des Ursprungs hätte angelegt sein müssen – statt den biblischen Ursprung, die Quellen, den Mann aus Nazareth, die einzig uns bindende und verpflichtende ›sola Persona‹ zu verdecken bzw. auf weite Strecken unkenntlich zu machen.

Ohne die *wahre Tradition* also leugnen zu wollen, muß es uns heute wieder darum gehen, den *biblischen Ursprung dynamisch zu entfalten.* Es geht um das ›Zurück zu den Quellen‹, dem jede Tradition zu dienen hat. Ich denke dabei an einige urchristliche Prinzipien: »Da ist nicht mehr Mann und Frau; ihr seid ›einer‹ in Christus« (Gal 3, 28). Dieses Einssein aller in Christus führte damals naturgemäß nicht zu Gemeinschaften mit weltfremdem Enthusiasmus. Entscheidend war die *gemeinsame Bindung an Christus*, die eine ständige Aufforderung war, die Botschaft Jesu in der Welt präsent werden zu lassen. Weil alle immer nur Menschen waren und blieben, gehörte dazu entscheidend die Versöhnung untereinander, die Zurechtweisung in Liebe, wo Verfehlungen, Konflikte, Streitereien und Rivalitäten ausbrachen (Gal 6,1; Jak 5,19 f; Mt 18, 15–17).

Die *Qualität des Christseins* bestand also darin, daß man mit Mut und in Demut stets das Miteinander lernen und üben mußte. Bei Zurechtweisungen mußte jeder auch an sich selbst zulassen, was an anderen geschah. Weil es nicht um das Lehren und Weitersagen dogmatischer Sätze ging, sondern um die Lebensführung Jesu (Mt 5–7), mußte stets verifiziert werden, ob echte Gemeinschaft vorhanden bzw. im Entstehen begriffen war.

Die ältesten Gemeinden wollten ›Jüngergemeinden‹ sein (Mt 28,19), Gemeinschaften der Versöhnten – sichere Indizien dafür, ob die Faszination der Gottesherrschaft dabei war, wenigstens ansatzweise Wirklichkeit zu werden. Denn es ging eigentlich – bei allen Unvollkommenheiten und menschlichen Unzulänglichkeiten – immer um den Versuch, Salz der Erde, Licht und Sauerteig der Welt zu sein. Der Welt gegenüber glaubte man nichts anderes schuldig zu sein als den Erweis gegenseitiger Liebe. An den ›Früchten‹ sollten alle erkennen, wer und was die Jünger Jesu sind ... (vgl. Mt 5, 13 f; 2 Kor 8, 24; Röm 13, 8; Joh 13, 35; Mt 7, 16).

Leider sind solche *elementaren Forderungen des Evangeliums* aus dem Bewußtsein geraten. Das lag zum Teil einfach daran, daß sich die Massen später zum Christentum bekehrten, indem sie sich sehr oft sogar der Zwangstaufe unterziehen mußten. Aus den Gemeinden und Gemeinschaften des Volkes Gottes wurden anonyme, gut verwaltete, weithin kommunikationslose Großgemeinden – gelenkt und geleitet von dazu eigens kirchlich Berufenen und Auserwählten. Den Herden standen die ›Hirten‹ vor oder gegenüber. Die ›Gottesherrschaft‹ wurde auf tragische Weise verkehrt in eine kirchliche Autorität, die sich Gott-sei-Dank oft durch die innere Legitimation des Glaubens und der Liebe, vielfach aber auch nur durch äußere Herrschaft und Gewalt zu behaupten vermochte. An die Stelle der Autorität Jesu trat weitgehend die seiner kaiserlichen und klerikalen Stellvertreter – eine Wirklichkeit, die der eigenen Autorität wie auch dem Evangelium nicht unbeträchtlichen Schaden zugefügt hat.

Wenn ich solche Vorgänge der Vergangenheit nachzuzeichnen versuche, dann komme ich wieder auf das zurück, was ich anfangs andeutete: Genausowenig wie frühere Entwicklungen in allem schlecht waren, sondern zeitbedingt und zu einem Teil auch tragisch, ebensowenig sind heutige zeitbedingte Gegebenheiten unbedingt schlecht oder unbesehen gut.

In der Tatsache, daß ich euch *keinen Pfarrer mehr* zur Verfügung stellen kann, könnte ich eine Katastrophe vermuten. Aber ich sehe darin eine *gottgegebene Chance und Aufgabe.* Sie besteht für mich schlicht und einfach darin, daß Gott möglicherweise das *Zeitalter des Klerikalismus abgeschlossen* haben möchte, um ein anderes einzuleiten: das des Volkes Gottes. Denn Volk Gottes, Kirche sind wir alle. Und damit dies nicht eine leere Floskel bleibt, ein Anspruch, den ihr alle hundertfach von den Kanzeln gehört habt, hat uns Gott vielleicht den großen Mangel an Priesterberufen beschert. Jetzt ist für uns alle die Stunde der Wahrheit gekommen, in der wir zeigen müssen, daß wir mit dieser Realität gläubig umzugehen imstande sind. Für mich handelt es sich um ein ›Zeichen der Zeit‹ – Hinweis für das Wirken und die Anwesenheit Gottes in der Geschichte, die eine andere Wirksamkeit haben kann, als diejenige, die wir uns in unseren theologischen und bischöflichen Köpfen seit Jahrhunderten erdacht und vorgestellt haben.

Wir sind also gemeinsam gezwungen, uns im Namen des Evangeliums auf ein *konkretes Problem* einzulassen: Was folgt aus der Tatsache, daß ihr keinen Pfarrer mehr haben werdet? Mir scheint: Nichts anderes als die Konsequenz, daß ihr selbst wieder eine Jüngergemeinde werdet, ein königliches Priestertum. Im ersten Petrusbrief steht darüber: Als ›lebendige Steine‹ seid ihr ein ›geistiges Haus‹, eine ›heilige Priesterschaft‹. Ihr seid ein ›auserwähltes Geschlecht, eine königliche Priesterschaft, ein heiliger Stamm, ein Volk, das sein besonderes Eigentum wurde, damit ihr die großen Taten dessen verkündet, der euch aus der Finsternis in sein wunderbares Licht gerufen hat‹ (1 Petr 2, 5–9).

Aus solchen und ähnlichen Texten geht ein für uns *ungewohntes Denken* hervor. Die Worte *›Priester‹* und *›Priestertum‹* werden auf das Volk Gottes angewandt. Sie sind Ausdrücke für den allgemeinen Charakter des Gottesvolkes; sie stehen für die Heiligkeit, die Zugehörigkeit aller zu Gott, für die allgemeine Gottesdienstfähigkeit und haben ursprünglich nichts zu tun mit den Amts- und Weihevorstellungen, wie sie sich im Laufe der späteren langen Kirchengeschichte entwickelt haben und auf einer Zwei-Stände-Kirche, man sollte ehrlicherweise sagen: auf einer Obrigkeiten- und Untertanenkirche, beruhten. Dagegen machen wir heute wieder die Entdeckung, daß die Unterscheidung zwischen Volk und amtlichem bzw. kultischem Priestertum neutestamentlich nicht stichhaltig ist. Denn die ganze Gemeinde ist ›priesterlich‹, ›apostolisch‹. Sie ist Repräsentantin und Gesandte Christi.

Es wird sicher noch eine Zeit dauern, bis wir uns wieder an solche Gedanken gewöhnt haben. Aber die pastoralen

Konsequenzen, die sich daraus ergeben, dulden in unserer Situation keinen Aufschub, weil die zuverlässige Weitergabe des Evangeliums nicht aufs unbestimmte Morgen verschoben werden kann. So möchte ich euch heute einige Fragen vorlegen, die ihr bitte in euren Gruppen und Gremien überlegen mögt. Sie müssen nicht schon heute beantwortet werden. Ich werde sie euch schriftlich hier lassen, damit ihr darüber nachdenken und mir oder meinem Vertreter, nach einer gewissen Zeit des Betens und der Reflexion, eure Meinungen darüber sagen könnt. Die Fragen haben mit euch und eurer Gemeinde etwas zu tun. Deshalb müssen sie auch sehr konkret bedacht werden. Sie lauten:

1. Wo sind unter euch die zehn bis zwölf Männer und Frauen, die wenigstens zweimal bis dreimal monatlich an Wochenenden *Wortgottesdienste* halten, verbunden mit der Kommunionausteilung?
2. Viele von euch sind in der Familie oder im Freundeskreis mit Todesfällen, zum Teil plötzlichen und tragischen, konfrontiert worden. Wo sind unter euch eine Handvoll Leute, die erfahren, bereit und fähig sind, sich bei Trauerfällen um trauernde Mitchristen zu kümmern, mit ihnen Kontakt aufzunehmen und den *Trauergottesdienst* vorzubereiten sowie dem Beerdigungsgottesdienst vorzustehen?
3. Viele von euch erinnern sich noch an die *Taufe* der eigenen Kinder. Welche Erfahrungen habt ihr dabei gemacht? Welche Eltern können andere Eltern auf die Taufe ihrer Kinder vorbereiten, also ein ›*Taufgespräch*‹ mit ihnen führen? Ihr wißt, es können oft auch ›Abständige‹ sein, die ihre Kinder zur Taufe bringen. Vor allem bei Distanzierten hat es sich als nicht gut erwiesen, daß sie zu Taufgesprächen bei ›Amtspersonen‹ vorstellig werden müssen. Viel besser wäre eine Kontaktaufnahme von Familie zu Familie und damit auch die Ermöglichung einer größeren Nähe zu Repräsentanten der Gemeinde. Natürlich müßten auch Formen gefunden werden, die die Teilnahme von

Teilen der Gemeinde an der Tauffeier selbst glaubwürdig verbürgen. Warum können z. B. christliche Freunde und Bekannte die Taufe nicht spenden? Warum muß es ein Fremder sein, und zwar nur deshalb, weil er ein ›Geweihter‹ ist?

4. Wie ich höre, gibt es in eurer Gemeinde einige *Gebets-, Bibel- und Familienkreise* wie auch andere Initiativgruppen und Vereine. Welche von diesen Personen oder Gruppierungen, die mit Recht und manchmal sogar übertrieben zu einem ›Eigenleben‹ neigen, könnten eine bestimmte Aufgabe übernehmen, die dem Aufbau und dem Leben der ganzen Gemeinde dient? Ich denke dabei an die *Kommunion*, die nach den Gottesdiensten *den Kranken* mit nach Hause genommen wird; an *erfahrene Eheleute*, die anderen bei Ehe- und Familienschwierigkeiten helfen; an *Erziehungsberechtigte*, die mit anderen ihre Erfahrungen mit der Erziehung von Kindern und Jugendlichen austauschen, vor allem dann, wenn in der Nachbarschaft Kinder vernachlässigt oder sogar mißhandelt werden; an *Erwachsene*, die zu Lehrern und Schulen einen guten Draht haben; an Christen, denen wichtige *gesellschaftliche Aufgaben* unter den Nägeln brennen, z. B. Fragen des Friedens, der sozialen Gerechtigkeit, der Ökologie, der Erhaltung der Schöpfung ... Sie sollten Wege und Möglichkeiten suchen, mit außerkirchlichen Gruppen zusammenzuarbeiten, die ähnliche Aufgaben als ihre eigenen ansehen ...

Ich will euch nicht mit Fragen überfordern. Es kommt auch nicht darauf an, von heute auf morgen alles auf einmal zu tun. Wichtig ist nur, daß wir irgendwo wieder ernst machen mit der Tatsache, daß Gott *jedem Menschen Gaben und Kräfte* schenkt, die erst in der Betätigung mit anderen zu ihrem Reichtum und ihrer Erfüllung kommen. Nur wenn Gottes Gaben nicht brach liegen bleiben, kann wieder mehr ›Kirche vor Ort‹, Gemeinschaft aus lebendigen Steinen entstehen. Jede wachsam gewordene Gemeinschaft von Christen kann wieder das werden, wozu sie da ist: ›Ursakrament‹, d.h. Boden und Urgrund dafür, daß die Fähigkeit zum Spenden und Empfangen der anderen Sakramente wieder wächst. Wo nämlich Sakramente isoliert und individualistisch gespendet werden, ohne daß Gemeinschaft vorhanden ist oder vertieft bzw. gefördert wird, da ist keine Gemeinde mehr an ihren Früchten zu erkennen, da kann keine Gemeinde Licht der Welt und Sauerteig der Erde sein. Da verliert das ›christliche Salz‹ seinen Geschmack, und es gibt nichts, womit man es wieder salzig machen könnte (vgl. Mt 5, 13; 7, 16f).

Damit deute ich nur meine Überzeugung an, daß die *Gaben und Charismen Gottes*, jedem auf irgendeine Weise von Gott gegeben, das einzige Salz sind, wodurch christliche Gemeinden wieder Licht zu sein vermögen. Für mich hängt *die Zukunft des Glaubens* entscheidend von *zwei Faktoren* ab: *erstens* von der Ermöglichung der personalisierenden Kraft des Evangeliums, in der jeder sich selbst und seine Gabe entdeckt und entfaltet, und *zweitens* vom Aufbau neuer Formen des Kircheseins bzw. kleiner christlicher Gemeinschaften mit jeweiligen pastoralen Aufgaben, so wie ich es euch kurz geschildert habe.

Wir werden noch oft über Einzelfragen sprechen müssen. Es wird auch bei euch viel Umdenken und Umlernen nötig sein. Aber ich bin zuversichtlich, daß meine Anliegen bei euch Gehör finden und daß ihr mir bei nächster Gelegenheit eure Gedanken dazu mitteilt. Laßt uns wieder Volk Gottes werden – nicht aus Obrigkeiten und Untertanen, sondern aus lebendigen Menschen, die *die wichtigste christliche Aufgabe*, der alles andere unterzuordnen ist, in Angriff zu nehmen in der Lage sind: die zuverlässige und unverfälschte Verwirklichung und Weitergabe des Evangeliums als Norm für die Kirche und die Welt.«

Nach den Worten des Bischofs trat eine lange Pause ein. Viele wagten kaum zu atmen. Es war klar, daß nun in den Gemeinden lange Gespräche und Auseinandersetzungen stattfinden würden, daß es Zerreißproben geben würde und daß viel Kraft – die Kraft des Gebetes zum Heiligen Geist – notwendig sein würde, um angemessene Lösungen zu finden. Viele, die sich bisher darauf verlassen hatten, einfach kirchlich betreut und sakramental versorgt zu werden, würden die Hürde ihrer festen Bahnen wohl nicht zu überwinden vermögen. »Abständige« würden andererseits vielleicht wieder einen neuen Zugang zu einer Botschaft und Praxis finden, bei der sie selbst gestalterisch und schöpferisch gefordert sind. Der Gedanke würde vielleicht Gestalt gewinnen, daß ja *Gottes Geist schöpferisch* ist und daß *schöpferische Menschen* den Plänen Gottes am meisten zu entsprechen vermögen.

Nach langer Stille, die für alle sicher wichtig geworden war, um eigene Gedanken und Reaktionen innerlich an sich herankommen zu lassen, wagte noch einer die Frage nach den Eucharistiefeiern, dem wichtigsten Anliegen der christlichen Gemeinden. Die Antwort des Bischofs war kurz und anregend: Wo lebendige Kleinkirchen entstehen, da würden sich auch im Glauben, im Leben und in der Lehre erprobte Menschen finden, die mit seiner Zustimmung und nach der Handauflegung durch die Gemeinde fähig wären, das eucharistische Opfer zu feiern...

Herausforderungen der Zeit: Da scheiden sich die Geister

Es war zu erwarten gewesen, daß die ungewohnte Initiative des Bischofs alle aufschrecken und kontroverse Reaktionen hervorrufen würde. Denn so etwas Ähnliches war noch nie da gewesen. Zunächst schien Lähmung und Resignation die Gemüter befallen zu wollen. Waren sie doch mit Realitäten konfrontiert worden, um die sie sich zu früheren Zeiten nie zu kümmern brauchten. Andere hatten sie offiziell und »amtlich« in der Hand gehabt. Es waren die »Kirchenleute« gewesen, die »Amtsträger«, die doch für die Lösung und Bewältigung religiöser und christlicher Anliegen zuständig gewesen waren.

Freilich: Auch dem Volk hatte man immer wieder – in Predigten, Belehrungen und Ermahnungen – eingeredet, daß *alle »Kirche«* seien; alle müßten für die Ausbreitung und Weitergabe des Glaubens Verantwortung tragen; jeder müsse, seiner Begabung und seinem »Charisma« gemäß, in Ehe, Familie, Schule und Gesellschaft die Botschaft des Evangeliums weitertragen und Zeuge dieser Botschaft sein.

Aber kaum einer hatte sich daran gehalten. Offensichtlich auch deshalb nicht, weil die großen und gutgemeinten Appelle immer in eine gewisse Ratlosigkeit mündeten, verbunden mit der Frage, was eigentlich konkret gemeint war. Die Theoretiker wußten ja immer, wie es ging. Aber praktisch ging es eben doch nicht. Und diejenigen, die es in der Praxis von Kirche und Gesellschaft gewußt hätten, durften es nicht wissen, weil sie keine theoretischen und amtlichen Kompetenzen besaßen. Zudem wurde »dem Volk«, den Männern und Frauen je nach Alter und Geschlecht, kirchenamtlich stets dargelegt, wo ihre Rechte und Pflichten waren. Wie konnte Gott etwas anderes in Kirche und Gesellschaft mit ihnen vorhaben, als es kirchenamtlich vorgesehen war?

Gewiß, die persönliche Frömmigkeit des einzelnen wurde jahrhundertelang dabei kaum tangiert. Auch war der Kirchenbesuch immer selbstverständlich und unter dem Druck sozialer Verhältnisse sehr gut gewesen. Die Gemeindemitglieder hatten auf den Priester und Bischof gehört. Das kirchliche Leben hatte im Vereinswesen und durch offizielle Angebote und Dienste eine feste Grundlage gehabt. Aber in kürzester Zeit hatte sich das alles geändert.

Als nämlich Fabriken und Industrieanlagen gebaut wurden, als sich der Arbeitsplatz vom Wohnort weg verlagerte, als sogar die Schüler und Jugendlichen bereits ein Verkehrsmittel benutzen mußten, um irgendwo anders ihre Schule zu besuchen oder ihren Ausbildungsplatz zu finden, da hatten die meisten Leute überall aufgehört, den Gottesdienstbesuch als Selbstverständlichkeit hinzunehmen. Sie hatten angefangen, dem »Materialismus« und »Hedonismus« zu huldigen – jenen neuen Götzen, die die christliche Kultur in den Gemeinden ziemlich plötzlich zusammenbrechen ließen. War die frühere Kirchlichkeit eine Fassade gewesen, die sich zu gewissen Gottesdienstzeiten nur noch mühsam aufrechterhalten ließ, die aber in der Schnellebigkeit gesellschaftlichen und kulturellen Wandels mehr und mehr wie ein Relikt aus vergangenen Zeiten erschien, der niemand nachtrauerte und für die sich auch niemand mehr aus der Ruhe bringen ließ?

Aber was nützte all das Sinnieren? Der Bischof, selbst konfrontiert mit Fakten und geschichtlich unausweichlichen Vorgegebenheiten, hatte konkrete Fragen gestellt. Mit ihm sahen sich alle unmittelbar vorgegebenen Situationen und Herausforderungen gegenüber, ob sie wollten oder nicht. Sie galt es anzupacken und zu bewältigen. So regten sich die früher totgeglaubten christlichen und kirchlichen Geister, sogar viele unkirchliche, die sich im Laufe der Zeit immer mehr von der Kirche verabschiedet hatten – vor allem in der Zeit der großen »Restauration«, die ja gekennzeichnet war von der kirchlichen Schizophrenie der großen Worte von der »Neuevangelisierung durch alle« einerseits und der Tatsache des Verbotes für viele bewährte Männer andererseits, sich als »Seelsorger«, »Prediger« oder kompetente Interpreten des christlichen Anliegens zu betätigen, von Frauen und Mädchen ganz zu schweigen...

Wie nie zuvor traten mehr oder weniger plötzlich Leute bzw. Gruppierungen auf den Plan, denen man früher kein eigenes Urteil zugetraut hätte. Sozusagen aus den Reihen früherer kirchlicher Uniformiertheit und christlicher Gleichgeschaltetheit regte sich eine Vielfältigkeit und Buntheit von Gesichtern und Meinungen, die alles andere als »unter einen Hut« zu bringen waren. Im Gegenteil: Sie drohten den Rahmen des herkömmlich »Katholischen« und »Rechtgläubigen« entscheidend zu sprengen.

Zeitweilig kamen sie sich sogar heftig in die Haare. Es entwickelten sich *Streitgespräche* und *»Richtungskämpfe«*, die es in der Friedhofsstille früheren Gemeindelebens nie gegeben hatte oder die – falls sie überhaupt auftraten – von den Verantwortlichen stets geflissentlich, eifrig und mit Erfolg unter den Teppich gekehrt worden waren, so daß bald wieder Ruhe eingekehrt war – nach dem unausgesprochenen Motto: Konflikte gibt es nicht, nur Friede und Freude im Heiligen Geist...

Wenn solche *Konfliktscheu* und *»Friedfertigkeit«* auch als besonders christlich angesehen worden waren – sie waren gleichzeitig langweilig und geistig fruchtlos geblieben. Buchstäblich zum Davonlaufen. So hatte der Bischof auf Anhieb eines fertig gebracht: Anstatt Lösungen zu bieten, hatte er Mobilität geschaffen, sogar bei der großen Mehrheit jener Katholiken, die sich bisher kaum noch in der Kirche hatten sehen lassen. Stand auch ihre Sache auf dem Spiel? Jedenfalls hatte er nicht nur die Fähnlein jener Aufrechten zum Flattern gebracht, die sich herkömmlich im kirchlichen und christlichen Leben voll einzurichten verstanden hatten. Der Bischof hatte höchstpersönlich eine spannungsreiche und streckenweise konfliktgeladene Atmosphäre vielleicht weniger verursacht als vielmehr zugelassen. Er hätte sie gewiß zu vermeiden gewußt, hätte er die Folgen seines Unternehmens von vornherein übersehen können.

Aber er war abgereist, nachdem er noch einige weniger wichtige Fragen beantwortet hatte. Seine Absicht war immerhin die beste gewesen. Wenn auch hervorgerufen durch die Not der Zeit und durch den kirchlicherseits unbeabsichtigten Priestermangel, hatte er versucht, *die Gemeinde auf eigene Füße* zu stellen. Was würde daraus werden?

Nun, es hat lange gedauert, bis sich im Durcheinander der Meinungen und Stellungnahmen wenigstens einigermaßen die Konturen bestimmter Positionen herausbildeten. Das Bild der Gemeinde gestaltete sich differenzierter, als man hätte vermuten können. Vom alten Schablonen-Denken mußten bald alle Abschied nehmen. Von vereinfachenden Kategorien und Klassifizierungen wie »Konservative« und »Progressive« konnte bald keine Rede mehr sein.

Zuerst meldeten sich – nach der Abreise des Bischofs – die einigermaßen gutorganisierten und stets treu gebliebenen »Aktiven«, bisweilen auch die *»Konsumenten« kirchlichen Lebens*. Sie traten nach wie vor als Menschen auf, die als Katholiken geboren worden waren und dies ein Leben lang akzeptierten. Wenn für sie auch andere Religionen und Glaubensbekenntnisse gleichwertig und gleichrangig sein mochten – für sie selbst galt es als unmöglich, daß jemand seine Religion wählt oder von der einen zur anderen wechselt. Schließlich war man ja auch nicht gefragt worden, in welchem Land und von welchen Eltern man geboren werden wollte.

So war für sie die Kirche eine Institution, die sie auf den wichtigsten Etappen ihres Lebens begleitete und deren Angebote und feierliche Riten, je nach Bedarf, in Anspruch genommen wurden – vor allem aus Anlaß von Geburt, Hochzeit und Tod...

Solche Konsumenten bzw. Teilhaber kirchlicher Heilsangebote, wenn sie auch von einem gewissen Vereinsleben oder durch frei gewählte Aktivitäten verschiedenster Art begleitet waren, hatten große Ähnlichkeit mit jenen Gläubigen, die vor allem in der *eigenen Innerlichkeit* ihren Weg zu gehen beabsichtigten und gewöhnlich äußeren Auseinandersetzungen und Konfrontationen gewissentlich aus dem Wege zu gehen verstanden. Für sie stand der Glaube an Gott im engsten Zusammenhang mit ihrem persönlichen Seelenheil. Vorrang hatte immer der einzelne, niemals das Kollektiv bzw. die Gemeinschaft. Ihr religiöser Hang distanzierte sich weitgehend von der »bösen Welt und Gesellschaft«, zumal diese offensichtlich alle festen ethischen, moralischen und religiösen Bezugspunkte verloren zu haben schien.

Andererseits suchten sie sich – bei allem persönlichen Heilsstreben – dennoch Familien, Gruppen und Gemeinschaften mit derselben Spiritualität und Tendenz zur Innerlichkeit, vor allem wenn diese eine Hierarchie und Ordnung repräsentierten, mit der man sich identifizieren konnte. So erwiesen sie sich, im ganzen gesehen, als *religiöse Nesthokker*, stets auf der Suche nach einer religiösen Nestwärme, die im rauhen Wind der Welt und Kirche nicht mehr leicht zu finden war.

Sofern einzelne dennoch aus dem Raum der eigenen Innerlichkeit herauszutreten wagten, spielten Werte wie Person, Toleranz, Brüderlichkeit, Geschwisterlichkeit ... eine große Rolle. Dennoch blieb die persönliche Zurückgezogenheit sowohl vom Getriebe der gottfernen Welt wie auch vom Aktivismus herkömmlicher Kirchlichkeit das hauptsächliche Prinzip ihrer Christlichkeit. Da sie auf jeden Fall »anders« leben und glauben wollten, gebärdeten sie sich in unserer vom Bischof ausgelösten Auseinandersetzung eher als geduldige, friedvolle, erhaben lächelnde »Schafe« innerhalb eines Geheges, welche sich von den Turbulenzen der Welt und Kirche nicht sonderlich berühren ließen.

Vor allem traten seit der Rede des Bischofs Leute auf den Plan, die sich früher aus irgendwelchen Gründen von der Kirche zurückgezogen hatten. Manche hatten sich mit Lehren, Dogmen oder Riten der Kirche nicht mehr identifizieren können. Anderen war die Kirche mit ihren Praktiken, Anliegen und religiös-moralischen Vorschriften zu weltfremd geworden. Möglicherweise gehörten sie zu der Art Menschen mit einer hohen Sensibilität und Wachheit dafür, daß das Christentum von seinem Wesen her *weniger ein Lehrgebäude* sein dürfe als vielmehr eine neue Lebensform, *weniger »Kirche«* als vielmehr Ankündigung einer neuen Wirklichkeit im Hier und Heute, *weniger eine Anstalt* mit vielen klugen Antworten auf alle möglichen theoretischen Fragen, über die man sich bis zum Geht-nicht-mehr streiten konnte, als vielmehr die Herausforderung zu einem alternativen Verhalten, das die Menschen bei all ihren Verschiedenheiten zusammenführt und zusammenhält in der Aktualisierung der Liebe und in der einen Ausrichtung auf den einen Herrn.

Jedenfalls hatten viele von ihnen einen *unüberbrückbaren Gegensatz* erlebt zwischen dem herkömmlich kirchlichen Anspruch und ihrem persönlichen Glück, zwischen der christlichen Botschaft und der Erlösungsbedürftigkeit aller Menschen und der angestrebten Selbstverwirklichung bzw. eigenen Persönlichkeitsentfaltung. Sie waren deshalb nicht nur zur härtesten Kritik an den praktizierenden Kirchgängern und der »Amtskirche« bereit, sondern ebenso zum äußersten Engagement in Welt und Gesellschaft. Für sie konnte sich die Welt nicht von sich aus ändern, man konnte sie nicht dem Teufel überlassen, aber auch nicht der Kirche mit ihren »frommen Sprüchen« und »Verbalismen«, die an Realitäten vorbeiredeten bzw. sich längst vom Leben konkreter Menschen verabschiedet hatten. Vielmehr ging es um mehr Menschlichkeit, Solidarität, Gerechtigkeit, Freiheit und Gleichheit in der Welt und in deren demokratisch-partnerschaftlichen Strukturen – Zielvorgaben, die die »gottferne Welt« eher möglich zu machen versuchte als eine paternalistisch, klerikalistisch und hierarchisch bestimmte »unfehlbare« Kirchenordnung. Diese hatte sie eher zu religiöser Gleichgültigkeit und Abstinenz verleitet als zum Versuch einer eigenen Christlichkeit, zumal die herkömmliche ihnen als überholt und ausgehöhlt erschien.

Wenn auch nicht zur Kirche, so hatten sie doch zu Christus und zum Evangelium ein einigermaßen lebendiges Verhältnis bewahrt. Allerdings war Jesus für sie weniger das »Haupt des mystischen Leibes« und der erhöhte Gottessohn, der nach seinem Fortgehen aus dieser Welt das religiöse Erbe seinen Statthaltern überlassen hatte, sondern eher der »Menschensohn«, der exemplarische Mensch mit einer großen humanistischen Botschaft, die gerade in und wegen seiner *Weltimmanenz* dem Menschen den Weg zur *Transzendenz Gottes* verkündete. Also kein Ausweichen vor der Welt, sondern das Verharren in der Welt als Möglichkeit, Gott zu suchen und zu finden!

Sie warfen der Kirche vor, zwar weitgehend den Christus der Auferstehung zu kennen und zu verkünden, aber nicht genug den Christus für die anderen, für die Entrechteten und Zurückgebliebenen – also den zu vernachlässigen, der in seinem Sein »für die anderen« den größten Teil seines Lebens verbracht hatte. Bisher waren die so Engagierten der Meinung gewesen, daß die eigentliche *Ethik Jesu* in der Gesellschaft bisweilen besser zu lernen und zu leben sei als in der Kirche. Nun, da in die Gemeinde so viel Bewegung gekommen war, sahen sie auch für die Kirche wieder die Zeit gekommen, den eigentlichen Jesus in ihr zu entdecken und zu leben.

Bei aller neu gewonnenen Lebendigkeit blieb aber doch eine große Mehrheit gleichgültig. Sie waren *»Fernstehende«*

aus Prinzip und Überzeugung. Für sie war der christliche bzw. katholische Glaube nur eine Möglichkeit unter vielen anderen Religionen und Weltanschauungen. Um das Leben selbst zu meistern, müsse man sich überall das Beste borgen, ohne sich zu binden und ohne eine Option bzw. Entscheidung zu treffen. Zwar könne man sich bisweilen an religiösen Riten, Festen, Gebräuchen und kulturellen Ausformungen erfreuen; aber sich definitiv daran zu binden bzw. sich durch Vorschriften zu belasten, das störe eher die eigene Lebensgeschichte und Lebensentfaltung. So sahen viele Anhänger dieser »Richtung« überhaupt keinen Anlaß bzw. keine Notwendigkeit, sich sonderlich in Gespräche und Auseinandersetzungen einzumischen. Im Gegenteil: Sie konnten sich nur darüber wundern, daß andere es taten. War doch nach ihrer Ansicht geschichtlich längst nachgewiesen, daß das Christentum bzw. die Christen nie besser gewesen waren als andere Religionen und deren Anhänger...

Wenn diese zuletzt genannte Gruppe der Abständigen und Fernstehenden auf den ersten Blick keinerlei Einfluß auf das weitere Geschehen zu haben schien, so entwickelte sich dennoch bei den »Internen« und »Engagierten« gerade den Außenstehenden gegenüber ein bisher nie gekanntes Bewußtsein des *»Schuldigseins«*. »Bleibet niemandem etwas schuldig; nur die Liebe schuldet ihr einander immer«, hatte Paulus vor 2000 Jahren den Römern geschrieben (Röm 13,8). Und die ersten neutestamentlichen Gemeinden hatten kaum, ebensowenig wie Jesus, »Bekehrungsversuche« nach außen unternommen.

Wo in der nachösterlichen Zeit die Predigt bei den Heiden zum wichtigsten Anliegen wurde, blieben dennoch die Fragen zentral, wie Christen – bei all ihren Fehlern und Menschlichkeiten – miteinander umgehen müssen, um gerade auf diese neue Weise des Lebens miteinander Stadt auf dem Berge, Sauerteig und Licht der Welt sein zu können (vgl. Mt 5, 13 ff). Denn weniger durch das Reden und Predigen als vielmehr durch das gemeinsame Zeugnis des Lebens sollte sich in der nichtchristlichen Welt das geheimnisvolle Kommen des Gottesreiches ankündigen (vgl. Mt 13, 33; Lk 17, 20; Apg 2, 4; 4, 32 ff).

Die ursprüngliche »*pro-israelitische Einstellung*« des irdischen Jesus, in dessen Blickfeld die Heidenmission kaum eine Rolle spielte, wandelte sich in der nachösterlichen Zeit zu dem ausgeprägt christlichen Bewußtsein, daß der Dienst der Gemeinde aufgefaßt wurde als ein »Schuldigsein« vor der Welt. Dies bestand darin, daß man glaubte, durch Verhaltensweisen der Liebe und Versöhnung untereinander am besten der Welt gegenüber das Zeugnis von der Liebe Gottes und seiner Erlösungstat glaubwürdig machen zu können.

Weil die Erwartung der baldigen Wiederkunft Christi ursprünglich dabei auch eine große Rolle spielte, blieb das Drängende des Anbruchs des eschatologischen Heilshandelns Gottes auf weiten Strecken insofern erhalten, als sich die ursprünglichen Diasporagemeinden die späteren Abwegigkeiten amtskirchlicher Verlautbarungen nicht erlauben konnten, nämlich bei der Verkündigung und Praxis der Gleichheit aller Menschen vor dem einen Vater Unterschiede zu machen zwischen Mann und Frau, zwischen Klerus und »einfachem Volk«, zwischen Unverheirateten und Verheirateten.

Wo es um die neue Gerechtigkeit und Liebe ging, um die Vorbildlichkeit Jesu in allen Lebenslagen, um Brücken des Verstehens und des Vertrauens zu allen Menschen, um die Veränderung alter Denk- und Lebensgewohnheiten durch die neuen Wertmaßstäbe der Botschaft Jesu, um die Wiederkunft und Präsenz Christi im Hier und Heute, da konnte es nur noch das geben, was Paulus den Galatern schrieb: Es gibt nicht mehr Juden und Griechen, nicht Sklaven und Freie, nicht Mann und Frau ... (Gal 3, 28). Und bei Petrus heißt es: »Laßt euch als lebendige Steine zu einem geistigen Haus aufbauen, zu einer heiligen Priesterschaft ... Ihr seid ein auserwähltes Geschlecht, eine königliche Priesterschaft, ein heiliger Stamm, ein Volk, das sein besonderes Eigentum wurde ...« (1 Petr 2, 5.9).

Es ist bezeichnend für die Entwicklung in unserer Gemeinde geworden, daß gerade im Zuge der ernsten Auseinandersetzung untereinander, aber auch im Blick auf die zweifelnden und kritischen Außenstehenden solche biblischen Anliegen immer mehr entdeckt wurden und ins Bewußtsein traten. Was wir schon immer gehört und gelesen hatten, wurde nun hautnah erlebt und erfahren. Dabei verloren sich sogar die alten Aggressionen und Feindseligkeiten gegenüber der »Amtskirche«, gerade bei denen, die früher besonders kritisch gewesen, aber doch irgendwie dabei geblieben waren.

Gewiß, die Kirche hatte immer schon viele Fehler gehabt. Sie war immer eine Kirche von Sündern gewesen, wenn dies bei konkreten Anlässen auch selten zugegeben worden war. Sie war immer schon reformbedürftig gewesen und hatte zum Traditionellen und Altmodischen geneigt. Hatten die Kritiker dennoch übertrieben? Hatten sie wie alle Pessimisten und Kritikaster nur die Haare in der Suppe gesucht? War ihnen bei der neuen Entwicklung nun die Luft ausgegangen?

Bei solchen Fragen setzte sich eine verständnisvollere Einstellung zur »Amtskirche« durch. Sie war weniger von einzelnen Vorwürfen bestimmt als vielmehr von einem Bild, welches jemand mit »braven Eltern« zu beschreiben versuchte.

Wenn ich mich recht erinnere, war es *Michael*, der einmal dieses Bild von den »vorbildlichen Eltern« gebraucht hatte. Jedenfalls paßte es ganz zu seiner Lebensgeschichte bzw. seinem eigenen Werdegang, von dem er berichtete, daß er sich eines Tages als »Atheist« ebenso von der Kirche abgemeldet habe, wie er aus dem Haus seiner Eltern ausgezogen sei. Dabei seien seine Eltern durchaus »vorbildliche Eltern«

gewesen. Sie hätten für ihn wie für seine Geschwister alles getan, was Eltern für Kinder von Kindesbeinen an zu tun pflegen. Sie hätten für Ernährung, Kleidung und Unterkunft gesorgt, die elterliche Wohnung sei vorbildlich geordnet und eingerichtet gewesen. Die Mutter hätte alles getan, um die Zimmer sauber zu halten und um alles Notwendige vorzubereiten, wenn der Vater oder die Kinder aus dem Büro oder der Schule nach Hause kamen.

Alles sei »an sich« in Ordnung gewesen. Dennoch sei er eines Tages – nach dem Vorbild anderer heranwachsender Mädchen und Jungen – aus dem Elternhaus ausgezogen. In eine unbequeme und enge Studentenbude. Eigentlich habe es keinen ernsten Grund dafür gegeben. Und was er selbst dabei immer wieder empfunden habe, sei ihm von seinen Eltern in Form von kaum zu beantwortenden Fragen stets in Erinnerung gerufen worden: Was haben wir denn falsch gemacht? Was drängt dich fort? Ist es nur deshalb für dich notwendig geworden, um nach außen hin deutlich machen zu können, daß du dich geändert hast, daß du auf dem Weg bist, dich zu ändern, daß du dein Leben selbst in die Hand nehmen willst? Willst du dokumentieren, daß du deinen eigenen Weg suchen und gehen mußt?

Für Michael wie für andere stellte sich heraus, daß es mit der Kirche ähnlich gewesen war. So schlecht, wie man bisweilen glauben machen wollte, war sie nie gewesen. Als »Mutter Kirche« hatte sie sich jahrhundertelang immer wieder voll Zuneigung und Dienstbereitschaft ihrer Kinder angenommen. Sie war auf das suchende philosophische Fragen und Forschen ihrer *»Hellenisten«* eingegangen, aus deren Reihen immer wieder hervorragende Theologen hervorgegangen waren. Sie hatte sich verständnisvoll derer angenommen, die in guter *römischer Gesinnung* immer wieder nach Ordnung, Sitte und Disziplin verlangten. Sie hatte deshalb klare Abgrenzungen nach außen und Gleichförmigkeit im Innern geschaffen.

Es hatte immer schon die vielen Kinder, Söhne und Töchter, gegeben, denen die eigene Freiheit viel zu anstrengend war, die gar kein eigenes Gewissen haben wollten und die froh und zufrieden waren, wenn ihnen die »Mutter-Kirche« alles gut vorkaute und schwarz auf weiß nach Hause tragen ließ, was man denken und tun mußte, um sich als guter und gläubiger Christ fühlen zu können. Zudem hatte es die Kirche mit dem »Heil der Seelen« zu tun; ihre Aktivitäten waren auf das Jenseitige ausgerichtet, und wenn schon auf das Diesseitige, dann doch nur im persönlichen Raum einer Innerlichkeit und Frömmigkeit, die zum Himmlischen aufschauen und das Weltliche verachten ließ.

Gewiß, dabei waren bestimmte *Schönheitsfehler* früher kaum ins Gewicht gefallen. Zum Beispiel die Tatsache, daß die den Himmel predigenden Verkünder bisweilen recht weltliche Herren waren und sich wie Fürsten und Herrscher zu benehmen pflegten, wenn es um eigenes Prestige, um eigene Würde und Untadeligkeit ging. Auch mußten allzu häufig Inquisition, Denunziation und Verketzerung in Kauf genommen werden, wenn Störenfriede kirchlichen Lebens und gläubigen Daseins auftraten und Verwirrung stifteten. Aber im großen und ganzen hatte die »Mutter Kirche« eben doch alles getan, was Menschen für ihr religiöses und christliches Heil notwendig brauchen.

Sie brauchten etwas für ihren *Verstand* – und dafür gab es klar formulierte Wahrheiten und ganze Systeme christlicher Gelehrsamkeit. Sie brauchten etwas für ihren *Willen* – dafür wurden genügend Vorschriften, Gebote und Verbote formuliert, nach denen jeder sein Leben gestalten konnte. Sie brauchten *Vorbilder und Menschen*, zu denen man aufschauen konnte – dafür gab es die kanonisierten Heiligen der Vergangenheit und vor allem den besonders von Gott berufenen und auserwählten Stand der Geistlichen, der in jeder Lebenslage bereit war, Rede und Antwort zu stehen und Weisungen auszugeben. Die Gläubigen brauchten etwas für das *Gemüt* – auch diesem Wunsch war in vielen kirchlichen Traditionen, Bräuchen, Riten und Festen reichlich entsprochen worden...

Und dennoch waren, trotz der guten Versorgung und Fürsorge, die Menschen aufgebrochen. Sie waren ausgezogen. Sie hatten sich in der weltlichen Welt niedergelassen, darin eine Menge religiöser Anliegen wiederentdeckt und weiter verfolgt. Viele konnten schließlich gar nicht mehr anders, als sich mit Gleichgesinnten zu verbünden und sogar *religiöse Behausungen* zu suchen bzw. selbst aufzubauen, die zwar längst nicht so hierarchisch geordnet und vortrefflich eingerichtet waren wie früher das große Haus der »Mutter Kirche«, in denen aber jeder die Erfahrung machen konnte, mit seinen eigenen Fragen konfrontiert zu bleiben und seine eigene Lebensgeschichte schreiben zu können.

Michael behauptete sogar, dies sei der eigentliche Grund dafür, daß er zu uns gestoßen sei. Anderen war es ähnlich gegangen. Ihre mitten in der säkularisierten Welt neu aufgebrochene unkirchliche Religiosität hatte etwas mit dem konkret erlebten *Ablösungsprozeß* von den eigenen Eltern zu tun, aber auch mit einem überall spürbaren Protest gegen einen *übermächtigen kirchlichen Einfluß* bzw. mit der weltweit aufbrechenden Skepsis gegenüber der *offiziellen Religiosität*, die sowohl Menschen wie auch Gottes Wirken im Menschen und in der Welt voreilig zu vereinnahmen trachtete. Diese hatte zu lange und doch zu wenig überzeugend den Eindruck zu vermitteln versucht, alles geklärt, alles erreicht, alles im Griff zu haben – verbunden mit der Unfähigkeit und Schwäche zu neuen Entwürfen.

So war wohl die Zeit des Chaos und der Krise notwendig gewesen, in der die herkömmlichen Krücken der Hoffnung und Erlösung abgeworfen wurden. Ziemlich lange haben sich *Erlösungs-Hoffnung* und *Erlösungs-Sehnsucht* ohne Krücken oder auf Irrwegen weiterbewegt, bis sich eben doch das Neue anbahnte, das Menschen zusammenführte und

Subjekte einer neuen Zukunft werden ließ. Jedenfalls zeigte es sich – freilich nicht bei den Massen, denen es weitgehend um Sport und Hobbys, um ein hohes Einkommen und ein angenehmes Leben ging, wozu die Konsum- und Freizeitgesellschaft ihnen alle erdenklichen Angebote suggerierte –, daß ein *ungestilltes Erlösungsbedürfnis* die Menschen und die Geschichte vorantrieb. Natürlich war dies mit Ungewißheit und Wagnis verbunden, mit neuen Unberechenbarkeiten, Rückschlägen und Katastrophen. Aber ihnen auch »amtlich« und »kirchenoffiziell« endlich ins Auge sehen zu lernen – vielleicht waren sie aus diesem Grunde allein schon nicht mehr so schlimm wie früher, wo man ihnen mit Abwehr und geschlossenen Augen begegnen zu können glaubte.

Jedenfalls schien aus mancherlei Gründen die Zeit gekommen, daß das fertige »Haus der Kirche« auch offiziell anfing, nicht mehr akzeptiert zu werden bzw. für die Aufgaben der Gegenwart und Zukunft nicht hinreichend gerüstet zu sein. Allein diese Tatsache war schon Ansporn genug, sich die »Kirche« so zu bauen und zu gestalten, daß sie für moderne Menschen einer veränderten Weltlage ein Zuhause werden konnte. Schließlich hatten sich die Zeiten geändert und ebenso ihre Aufgaben und Herausforderungen, nicht zuletzt das Denken der Menschen selbst, das weniger nach »fertigen Lösungen« Ausschau hielt, als nach den Möglichkeiten eigenen Schaffens und Gestaltens.

Kleinkirchen, Initiativgruppen, »Katakomben«

Wenn es um eine Frage geht, die irgend etwas mit der Vergangenheit zu tun hat, tritt Josef auf den Plan. Er ist unser »Historiker«. Nicht daß er Fachmann auf dem Gebiet der Geschichte wäre, aber er hat ein großes Interesse an Dingen der Vergangenheit, »ohne die man die Gegenwart nicht verstehen kann«. So argumentiert er immer wieder, wenn er die Gespräche in unserer »Hauskirche« auf Ereignisse der Vergangenheit lenkt. Manchmal tut er es hartnäkkig, bis zum Unwillen der anderen, den er durch seine nicht zu bremsenden Erklärungen hervorruft. Durch ihn sind schon manche Spannungen bei unseren Zusammenkünften, die das »Heutewerden« des Evangeliums als Hauptanliegen auf ihre Fahne geschrieben haben, hervorgerufen worden. Aber letztlich sind wir dann doch sehr dankbar gewesen, daß wir solche Details des Historischen an uns herankommen ließen, um nicht der Gefahr zu erliegen, wie Eintagsfliegen unser Leben zu gestalten. Eintagsfliegen sind ja Lebewesen, die keine Zukunft haben, weil es für sie auch keine Vergangenheit gibt. Deshalb haben wir uns ein Motto von *Sören Kierkegaard* zueigen gemacht, welches lautet: »Das Leben kann nur rückblickend verstanden werden. Es muß aber vorausschauend gelebt werden.«

Getreu diesem Wahlspruch müssen wir uns zwischendurch immer wieder einlassen auf das, was einmal war, um zu begreifen, was ist und wie etwas geworden ist. Insofern ist Josef ein unverzichtbares Mitglied für unsere »Kleinkirche« geworden. Seine Gabe, seine Begabung, sein fast unbestechlicher Blick für das Vergangene und So-Gewordene sind immer richtungweisend für die Fragen geworden, die wir uns stellen, die uns bedrängen und auf die wir eine Antwort suchen. Wie angedeutet, nicht irgendeine beliebige Antwort, sondern eine, die sich aus dem Geist des Evangeliums und dem Leben der ersten Christen ergibt. Dabei ist das Leben der »ersten Christen« für uns maßgebend geworden. Vor allem natürlich der erste Christ aus Nazaret. Was er gesagt und getan hat, war nicht nur in der Vergangenheit exemplarisch, sondern soll es auch heute wieder werden. Jedenfalls suchen wir bei ihm die Inspiration für unser gegenwärtiges Denken und Tun.

Indem ich angefangen habe, über »uns«, d. h. über unsere Hauskirche, unsere »Kleinkirche« zu berichten, ist es wohl angebracht, unsere Gemeinschaft kurz vorzustellen. Wir sind eine Gruppe von 25 Personen: Alte und Junge, Männer und Frauen. Aber wir sind nicht die einzige Gruppe in unserer Stadt von 250 000 Einwohnern. Es gibt noch 32 andere mit ungefähr derselben Mitgliederzahl. Natürlich sind das sehr wenige Christen, die ihren Glauben zu leben und überzeugend zu praktizieren versuchen, gemessen an der Zahl der Einwohner dieser Stadt und in Anbetracht der Tatsache, daß vor einigen Jahrzehnten nahezu alle noch Christen waren – wenigstens dem Taufschein nach. Damals konnte noch von einer großen, gesellschaftlich präsenten und »aktiven« Kirche die Rede sein. Aber die Menschen waren – hier folge ich einfach den Erklärungen, die Josef im Laufe der Zeit in unsere Gespräche eingeflochten hat – immer kirchenunfähiger geworden.

Die wachsende *Kirchenunfähigkeit* hatte eigentlich schon recht früh begonnen: mit dem Ende des Mittelalters und zu Beginn der Neuzeit, die die neuen Ideen von Menschenrechten, von Freiheit, Gleichheit und Brüderlichkeit aller Menschen in die Welt trug. Die offizielle Kirche konnte mit solchen »absurden Ideen« nichts anfangen. Vor allem sah sie deren sprengende Kraft als bedrohlich an, weil sie absolutistische und monarchische Gesellschaften bis in die Wurzel hinein erschütterten und nach neuen Maßstäben revolutionär umgestalteten. Die Kirche fürchtete dabei um ihren eigenen status quo, der doch »von Gottes Gnaden« war – wie die Königshäuser auch. Indem sie also mit solch modernistischen Menschen nichts anfangen konnte und deren soziale und politische Ambitionen mit Leidenschaft bekämpfte, konnten umgekehrt auch die Menschen mit einer solchen Struktur von Kirche nichts anfangen. Sie wurden immer kirchenunfähiger und kirchenunwilliger. Sehr lange Zeit wurde diese Kirchenunfähigkeit offiziell als wachsende Glaubensunfähigkeit mißverstanden und bekämpft.

Es wäre natürlich vermessen, behaupten zu wollen, wir in unserer Gruppe wüßten genau um die Vorgänge, die sich gesellschaftlich und kirchenintern seit Jahrhunderten abspielten. Auch kann man sie nicht in wenigen Sätzen beschreiben, obwohl wir immer wieder von unserem »Historiker« auf bestimmte Entwicklungen aufmerksam gemacht werden. Jedenfalls haben sie dazu geführt, daß die großen Kirchen und Konfessionen immer deutlichere Zerfallserscheinungen zeigten. Kirchenamtlich war man allzulange in der Selbsttäuschung befangen, daß Zustimmung und Applaus durch die Massen bei bestimmten Anlässen etwas mit lebendigem Glauben und aufbrechender Kirchlichkeit zu tun hätten. Daß besonders medien- und publikumswirksame Kirchenfürsten solcher Versuchung erlegen sind, hat gerade ihnen die traurige Erfahrung eingebracht, daß sie ihre Bewunderer und Mitläufer schnell verloren. Jedenfalls sind heute Kleinkirchen bzw. Hauskirchen daraus geworden. Man könnte sie, so wie sie sich aus Kirchenleuten wie auch Kirchendistanzierten zusammengefunden haben, als eine Art *weltweite Jesusbewegung* bezeichnen. Das heißt: Von den früheren christlichen Massenkirchen mit ihrem Monopol der Weltdeutung sind kleine christliche Gruppen übrig geblieben, die sich selbst »Kirche« nennen. An Zahl wie an Mitgliedern sind sie nicht übermäßig groß, aber doch unübersehbar. Man könnte sie mit den »Katakomben« der frühen Christenheit vergleichen.

Auch unsere Gruppe besteht, wie gesagt, aus ca. 25 Personen, die in verschiedensten Berufen arbeiten und aus unterschiedlichen gesellschaftlichen Schichten stammen. Es kommen immer wieder einige dazu und andere bleiben weg. Darüber hinaus gibt es eine große Zahl von *Sympathisanten*, die gelegentlich an unseren Versammlungen teilnehmen und sich inspirieren lassen für die Lösung von Problemen und die Beantwortung von Fragen, die das Leben ihnen abverlangt. So sind wir immer wieder überrascht, daß unser Einfluß in viele Verästelungen der säkularisierten und neuheidnischen Gesellschaft reicht.

Sind die wenigen, die uns nahe stehen, nur »Nutznießer«, die sich nicht selbst verpflichten wollen? Wir wissen es nicht. Jedenfalls spielen sie, was die Frage nach dem »christlichen Sauerteig« in der Welt betrifft, eine bedeutende Rolle. Als mehr oder weniger in unsere Lebensführung Eingeweihte oder auch als »Ungläubige« stoßen sie immer wieder zu uns. Wir reden miteinander und feiern mit ihnen zusammen Gottesdienst. Bisweilen gehen wir »kompromißlos« mit ihnen und untereinander um, wenn wir die Substanz des Evangeliums gefährdet sehen. Manchmal lassen wir aber auch verschiedene Ethos- und Verhaltensweisen zu. Dabei ist der Gedanke maßgeblich, daß wir gelegentlich Wege gehen müssen, die erst später zu mehr Klarheit und Wahrheit führen. Wichtig dabei ist nur, daß wir verschiedene Glaubenswege in Liebe akzeptieren und die dabei auftretenden Spannungen auszuhalten imstande sind. Denn die »Katakombensituation« ist nicht leicht, soll aber dennoch immer wieder zum Wesentlichen führen und stets Anlaß bieten, zu neuen Ufern aufzubrechen.

Warum wir überhaupt den Begriff und die Bezeichnung »Katakomben« gern in Anspruch nehmen? Zunächst deshalb, weil die großen Kirchen des Mittelalters immer mehr zugeben und einsehen mußten, daß sie an Boden und Einfluß verloren. So war der »Rest der Christenheit« gezwungen, sich immer mehr um des eigenen Überlebens willen auf seine eigentlichen Quellen und Ursprünge zurückzubesinnen und konsequente Maßnahmen zu ergreifen. Diese konnten in nichts anderem bestehen als im »Zurück zum Evangelium«. Denn das geistige Erbe des Evangeliums für die Zukunft zu retten – dieses Anliegen hatte sich bereits weltweit in kleinen Kreisen durchgesetzt, auch bei uns schon, bevor Bischof Paulus seine Rede hielt und zu einschneidenden Neuregelungen aufrief.

Man könnte sagen: Die Christenheit war sich weltweit bewußt geworden, in eine neue »Katakombensituation« zurückgekehrt zu sein. Dabei spielten noch nicht einmal, wie in den ersten christlichen Jahrhunderten, Christenverfolgungen eine Rolle. Im Gegenteil: Das Christentum wurde in weiten Teilen der säkularisierten Welt gar nicht für wert befunden, besonders verfolgt und unterdrückt zu werden. Es war ihm bei seiner Art der Selbstdarstellung der ursprüngliche Entscheidungscharakter verloren gegangen. Diese Tatsache hatte nicht zuletzt dazu beigetragen, daß man ihm mit Gleichgültigkeit, Desinteresse, Ignoranz und einfach mit Abstinenz begegnete.

Das »Zurück zu den Quellen« konnte aber auf keinen Fall eine fortdauernde Bestätigung und Neuauflage von bisherigen selbstgemachten theologischen Schranken und konfessionellen Verengungen bedeuten. Auch ging es nicht eigentlich um ein zeitliches Zurück, sondern um das Heutewerden des Evangeliums, mit bisweilen unliebsamen Konsequenzen für herkömmliches Denken.

Zunächst sehen wir im Zurück zum Evangelium ein Zurück zur Vielfalt der Menschen guten Willens, denen auch Jesus über alle nationalen, soziokulturellen und juridischen Grenzen hinaus nahe sein wollte. Uns geht es um die Gegenwärtigsetzung einer vergangenen Jesusgeschichte und zugleich um seine Botschaft vom Kommenden, um das *Jetzt* des Reiches Gottes mitten unter den Menschen – um ein Jetzt, welches Hoffnungssignale für das Kommende zu setzen vermag. Schließlich hat Jesus von Nazareth selbst, denkend und handelnd, nichts anderes getan, als in seiner Person eine Größe Zeit und Geschichte werden zu lassen, welche damals ganz Israel für die Zukunft erhoffte: das Reich Gottes.

Was er aktualisierte, ist heute nach wie vor im Kommen. Seine Vorankündigung war ganz dem »Daß« der Nähe des Gottesreiches zugewandt. Aber er gab auch eine Antwort auf das »Was« und das »Wie«, also auf die konkrete Gestalt und Form des Gegenwärtigen und zugleich zu Erwartenden. In seiner Hinwendung zum Menschen, zu den Kindern, Alten und Schwachen, zu den Frauen und Männern, in seinen Dämonenverbannungen und Heilungen, in den Seligpreisungen (vgl. Lk 6, 20ff; Apg 2, 14–36) hat er die Gegenwartsmächtigkeit und Gegenwartsnähe des Reiches Gottes, welches mitten in der Alltäglichkeit des Lebens anbricht, zeichenhaft sichtbar gemacht.

Seine *Tischgemeinschaften* mit Zöllnern und Sündern wurden zu Vorfeiern des Heilsmahles der Endzeit. Die Dynamik, die er dabei entfaltete, gründete auf keiner Buchstabengerechtigkeit, auch auf keiner Rechtgläubigkeit und nicht einmal auf einer Lehrverkündigung, sondern auf einer Menschendynamik. Gottes Dynamik wirkte über die Menschen, ihre konkreten Gaben und Fähigkeiten, sogar ihre Grenzen und Schwächen, die er schöpferisch mit einbezog.

Seit Jesus so dachte und handelte und auf diese Weise das Kommen des Reiches Gottes, obwohl Gott vorbehalten, auch zu einer Tat von Menschen wurde, haben Christen eigentlich nichts anderes zu denken und zu tun, als das, was er dachte und tat: nämlich sich auf den dynamischen Prozeß Gottes einzulassen. Diesem Denken und Tun des einen Menschen aus Nazareth haben wir uns verschrieben. Dabei geht es weder um Mann noch Frau, auch nicht um dogmatische Sätze und juridische Finessen und Spitzfindigkeiten, sondern um das Heutewerden der Taten Gottes mitten unter uns.

Dabei haben wir unseren Glauben gefunden und müssen immer wieder neu anfangen, ihn in die Bewährung zu stellen. Er besteht in der Nachfolge Jesu und darin, daß wir stets Taten und Zeichen des Heils zu setzen haben in der Zuversicht und Hoffnung, daß jedes Gelingen oder Mißlingen – und seien sie noch so begrenzt und fragmentarisch – Mosaiksteine und menschliche Vorbereitung auf das Kommen des Reiches Gottes sind. Gerade das Fragmentarische und Unerlöste unserer Initiativgruppen ist dazu geeignet, uns immer wieder hoffend und erwartend auf den einzustellen und einzulassen, der das Vollendete und Endgültige zu tun vermag.

Wenn wir auf unsere gemeinsamen Zusammenkünfte und Initiativen schauen, müssen wir immer wieder feststellen: manches gelingt uns, manches nicht. Vieles erfüllt uns deshalb mit Freude, vieles aber auch mit Trauer, weil jeder und jede von uns sehr verschieden denken, reagieren und handeln. Auf dem Boden verschiedener Erfahrungen und Anliegen entstehen immer wieder Spannungen und Konflikte.

So ist es nicht nur bei uns, sondern auch bei den anderen Kleinkirchen unserer Stadt. Deshalb finden auch gemeinsame Treffen statt, die jedesmal deutlich machen, daß unter uns eine *Vielfalt* konkreter Realisierungen des Christlichen gewachsen ist. Dann bewundern wir immer wieder unseren Bischof und freuen uns über das glückliche Los und die gute Wahl, die wir vor Jahren mit ihm getroffen haben. Er war nämlich einer von uns und hatte sich besonders durch seine Gastfreundlichkeit, seine offene Gesprächsbereitschaft, sein Charisma des Ausgleichens und seine Kunst des Zusammenführens von Menschen hervorgetan. In der Wahrung und Anerkennung der Vielfalt ist er ein wirklicher »Vorsteher« für uns geworden, eine Autorität, die, weil den Menschen nahe, stets auf Christus selbst zu verweisen vermag.

In seinen Worten und Weisungen finden sich immer wieder Ansätze, die uns das Wesentliche des Evangeliums vor Augen führen. Wir sind dafür da, die Praxis Jesu in unsere Lebenswelt zu übersetzen, wie verschieden diese auch immer sein mag – je nach Menschen und Umweltsituationen.

Weil er so offen ist, weil wir als Gruppe auch offen für alles um uns geworden sind, haben wir viele Sympathisanten gewonnen. Wenn sie aus verschiedenen Anlässen zu uns stoßen und sogar »draußen« unsere Lebenshaltungen vertreten und verteidigen, geht uns immer wieder auf, daß das Licht nicht anders kann als zu leuchten, daß das Salz tatsächlich Geschmack zu geben vermag. So ist es uns schon oft gelungen, Fernstehende nicht so sehr »abzuholen, wo sie stehen«, als vielmehr ein Licht in ihnen anzuzünden und eine in ihnen schlummernde Gabe zu wecken. Gottes Gaben sind ja wie Samenkörner. Man muß sie nur wachsen lassen und ihre Entfaltung ermöglichen zu dem, was sie vorher noch nicht gewesen sind. Offensichtlich gibt es so etwas wie das Wirken Gottes in jedem Menschen. Ihnen gegenüber haben wir weniger die Verkündigung von Glaube und Hoffnung als Aufgabe erkannt, als vielmehr die Ermöglichung des Wachsens einer Teilwahrheit zur vollen Wahrheit, die Erfüllung einer Sehnsucht und Hoffnung durch das Feiern in Gemeinschaft dessen, der Menschen das Leben in Fülle zu geben vermag. Letztlich geht es von unserer Seite aus nicht zuerst um die »Weitergabe des Glaubens«, sondern um die Wiederentdeckung der »ersten Liebe« in unseren eigenen Reihen, damit auch andere dazu entzündet werden können (vgl. Offb 2, 4 ff).

Gewöhnlich treffen wir uns zwei- bis dreimal im Monat. Das kann an Sonntagen sein, obwohl öfter im Jahr unser Bischof alle Kleinkirchen der Stadt in einer noch im Gebrauch befindlichen größeren Kirche zusammenruft. Oft treffen wir uns aber auch an Werktagen, weil manche von uns an Wochenenden arbeiten müssen oder unterwegs sind. Wir beginnen unsere Treffen meistens mit zwanglosem Gespräch über alles, was sich in letzter Zeit ereignet hat und was einzelnen unter den Nägeln brennt. Karin, Barbara und Dieter beginnen dann, mit ihren Gitarren und Flöten unsere Lieder zu begleiten. Bisweilen sind es alte Lieder von früher, meistens aber modernere: »Herr, deine Liebe ist wie Gras und Ufer« – »Wo zwei oder drei in deinem Namen versammelt sind« – »In Sorgen schau ich auf zu Dir. Herr, erbarme dich« – »Ja, wenn der Herr einst wiederkommt«.

So singen wir uns eine Zeitlang unsere Freuden und Sorgen vom Herzen und teilen sie uns auf dezente Weise mit. Der Gastgeber bzw. die Gastgeberin, in deren Haus unser Treffen stattfindet, schlägt dann gewöhnlich einen Text des Evangeliums vor. Beim Lesen der Bibel haben wir eine eigene Methode entwickelt. Zuerst herrscht einige Minuten – nach den Gesängen – eine meist wohltuende Stille, weil sich jeder persönlich mit dem Text beschäftigt. Dann lesen wir ihn in abwechselnden Rollen laut vor: einmal oder auch dreimal. Bestimmte Fragen sind es dann, die uns über den Bibeltext ins Gespräch kommen lassen:

– Welcher Satz fällt mir besonders auf, spricht mich besonders an?
– Welcher Satz macht mich froh oder ärgert, empört mich?
– Welche Personen spielen im Text eine Rolle? In welcher Situation befinden sie sich? Wie denken und reagieren sie?
– Wie müßten sie sich, entsprechend ihrer Umwelt, verhalten; wie verhalten sie sich wirklich? Worin besteht die

Andersartigkeit ihres Denkens und Handelns gegenüber den herkömmlichen Verhaltensmustern ihrer Tradition, Kultur und Gesellschaft?

– Gibt es in meinem/unserem eigenen Leben, in der eigenen Umwelt ähnliche Situationen? Wie bin ich gewohnt, mich darin zu verhalten? Wie wurde ich erzogen? Entspricht das mir Anerzogene den Wertmaßstäben des Evangeliums? Wenn nicht, wie muß das Evangelium im Heute gelebt werden?
– Im Heutewerden des Evangeliums soll sich »Reich Gottes« ankündigen. Ist das so in unserer Gruppe, in unserer Hauskirche? Wo liegen ihre auch menschlich bedingten Stärken, wo ihre Schwächen?

Wenn wir so miteinander ins Gespräch kommen, ist oft ein wirkliches *Teilen und Mitteilen* daraus geworden: unserer Kindheitserfahrungen, unserer Jugenderlebnisse, unserer gegenwärtigen Sorgen, Hoffnungen und Ängste. Wir haben uns daran gewöhnt, jeden so sein zu lassen und zu verstehen, wie er ist. Trotzdem laufen unsere Zusammenkünfte nicht immer harmonisch und friedlich ab. Vor allem, wenn es darum geht, wie eine bestimmte Frage heute beantwortet und gelebt werden muß, wird öfter gestritten. Denn wo es konkret wird, scheiden sich gewöhnlich die Geister. Einerseits ist ja nur konkretes ethisches bzw. jesuanisches Verhalten überzeugend. Darauf kann nicht verzichtet werden. Andererseits geht es an den Nerv nicht nur des Privat-, Ehe- oder Familienlebens, sondern auch tief hinab ins politische, gesellschaftliche und ökonomische Leben.

Zuerst haben wir bei allem versucht, zu gemeinsamen Reaktionen zu kommen und dauernd Kompromißbereitschaft zu praktizieren. Allmählich haben wir erkannt, daß Kompromisse oft »faul« sind und die Würze nicht mehr enthalten, die schließlich überzeugend wirken kann. Zudem sind wir in unserer Persönlichkeitsstruktur zu verschieden. Ebenso unterscheiden sich die Lebenssituationen, in denen die einzelnen stehen, von Ort zu Ort, von Beruf zu Beruf, von Geschlecht zu Geschlecht, von Alter zu Alter. So ziehen wir es heute vor, jedem zu einer Entscheidung in einer bestimmten Frage zu verhelfen. Wir »entlassen« ihn mit der Bitte, seine Erfahrung zu machen, um sie nach einer gewissen Zeit neu zur Sprache zu bringen.

So gibt es eigentlich nie endgültige Antworten. Wir tasten uns vielmehr Schritt um Schritt vor, wir schreiten von Erfahrung zu Erfahrung, wir gehen durch Täler und steigen auf Berge – stets hoffend und betend, daß wir uns mit Gottes Hilfe gegenseitig helfen, im jeweiligen Augenblick das rechte Wort zu finden und zur rechten Tat zu kommen. So sind unsere Gespräche, vor allem wenn sie heftig und konfliktreich werden, begleitet und unterbrochen von einem gemeinsamen Gebet oder erlösenden Lied: »Oh Herr, wir rufen alle zu Dir, sieh unsere Not und hilf uns.«

Vom Leiter unserer Kleinkirche wird oft viel Feingefühl, viel Geschick im Umgang mit allen, viel »Einheitsstiftung« verlangt, vor allem dann, wenn sich die einen mit ihren Worten und Ansichten zu sehr hervortun und andere dabei zu erdrücken drohen. Bisher hat er es immer wieder verstanden, alle zusammenzuhalten. So sind wir eine Vielheit aus Menschen geblieben, die alle aus eigenem Guß sind. Diese spannungsreiche Vielfalt ist uns sogar wichtig geworden, weil sie wirklich belebend ist und immer wieder zur einen Blickrichtung verpflichtet auf den, in dessen Nachfolge wir uns alle berufen wissen.

In anderen Kleinkirchen der Stadt ist es nicht überall möglich geworden oder geblieben, die Vielfalt der Charaktere und menschlichen Anliegen zu integrieren. Deshalb gibt es in unserer Nachbarschaft Kleinkirchen, die in eine gewisse *Einseitigkeit* abgerutscht sind. Die einen sind sehr »spirituell«, meditativ, mystisch-charismatisch ausgerichtet. Wir werfen ihnen Mangel an politischem Engagement vor, Infantilismus und unkritisches Verhalten. Denn sie erwekken den Eindruck der Weltfremdheit, des gebrochenen Verhältnisses zu sich selbst wie zu ihrer Umwelt. Ihre bisweilen bis zum Enthusiasmus aufbrechende Religiösität und Frömmigkeitspraxis erschöpfen sich weitgehend in einem »Gebetseifer«, dem mehr der Geruch der Weltflucht zu eigen ist als der Wille, sich den Realitäten des Lebens in der Kirche und Gesellschaft so zu stellen, wie sie sind. Aber sie haben auch ihre Existenzberechtigung, zumal sie hauptsächlich labile Menschen anzuziehen scheinen, die auf diese Weise ihre eigene Beheimatung und christliche Geborgenheit leben und erfahren.

Andere Kleinkirchen gleichen eher akademischen Zirkeln, denen es vor allem um das intellektuelle Eindringen in einen Bibeltext geht. Vor allem schwierige Stücke haben bei ihnen Vorrang und damit die Analyse von Texten und Geschehnissen, die intellektuelle Verständnisprobleme bereiten und besondere exegetische Gescheitheit erforderlich machen. Wenn wir unseren Austausch mit solchen Gruppen bzw. deren Mitgliedern pflegen, ist es auffallend, daß bei ihnen der Bezug zum eigenen Leben ausgesperrt ist.

Gott bleibt bei ihnen ein Gott der Theologen. Eine persönliche Berührung durch ihn in der Gruppe ist nicht vorgesehen und auch nicht gewollt. So bleibt die persönliche Lebensgeschichte der einzelnen draußen vor der Tür. Andererseits haben uns solche Mitchristen schon oft geholfen, Probleme beim Verstehen eines schwierigen Stücks Literatur zu überwinden. Leute aus solchen Gruppen sind auch besonders geeignet, bei komplizierten öffentlichen Disputen den originär christlichen Standpunkt zu vertreten, wenn ihnen auch oft theologischer Verbalismus vorgeworfen wird, weil Reden und Leben nicht zur Deckung gekommen sind.

Es gibt, wenn wir uns andere Kleinkirchen in der Stadt anschauen, noch eine dritte charakteristische Ausrichtung. Man könnte sie »Aktionskreise« nennen. Auch sie versuchen, in der ideologischen Diasporasituation von heute

»wetterfeste Gemeinschaften« zu sein, die sich vor allem zu bestimmten Aufgaben und Aktionen zusammenschließen. Sie sind eher »informelle Kreise« und »auf Zeit hin« angelegt. Sie haben eine gewisse Ähnlichkeit mit Bürgerinitiativen in der Gesellschaft, wollen aber betont christliche Werte vertreten und evangeliumsgemäße Antworten auf Fragen suchen und finden.

Als »Kernkreise« kommen und gehen sie, zeichnen sich durch ein Höchstmaß an Flexibilität und Aktivität aus, je nach den Erfordernissen des Augenblicks. Sie haben sich vor ca. dreißig Jahren zum erstenmal gebildet – in der Zeit des »tragischen Papstes«, der bei seiner Restaurationspolitik mit ziemlicher Willkür über die Köpfe des Volkes Gottes hinweg autoritäre Maßnahmen ergriff, z. B. überall in der Welt Bischöfe ernannte und »Hirten« durch die Hintertür einsetzte, ohne einheimische Bischofskonferenzen und Institutionen um Rat gefragt oder miteinbezogen zu haben, ganz zu schweigen vom »niederen Klerus« und von Laienorganisationen.

Diese Politik hatte dazu geführt, daß Tausende, vor allem Mitdenkende und zuvor aktiv Engagierte, der Kirche den Rücken kehrten. Die Gemeinden bluteten noch mehr aus, als sie es vorher – unter dem Einfluß der säkularisierten und materialistisch eingestellten Welt – schon getan hatten. Übrig blieb eine geschrumpfte Kirche – ein Häuflein geistiger und religiöser Harmlosigkeit.

Gegen diesen Prozeß der kirchenamtlichen Auszehrung der Substanz des Christentums wehrten sich zunächst wenige, dann immer mehr, die sich bald auch zusammenschlossen. Seitdem gibt es christliche Aktionsgruppen zu allen möglichen Anlässen in Kirche, Politik und Gesellschaft. Weil sie in brisanten Situationen überall wie Pilze aus dem Boden schießen, erreichen sie wegen ihrer Aktualität ein hohes Maß an Aufmerksamkeit und Beteiligung von Freunden und Sympathisanten. Bisweilen kommt es auch zu spontanen Zusammenschlüssen auf Stadt- und Landesebenen. Sie haben sich als Laienbewegungen mit großer Selbständigkeit und schöpferischer Begabung entwickelt. Jedenfalls lassen sie sich nicht, wie es früher möglich war, amtskirchlich vereinnahmen. Es gibt im Gegenteil viele Priester und Bischöfe, die sich ihnen anschließen und als Partner und Mitstreiter ihre Anliegen aufgreifen und öffentlich vertreten.

Wenn wir so auf das christliche bzw. »kirchliche« Leben zurückschauen und auf das, was sich in den letzten Jahrzehnten allmählich entwickelt hat, müssen wir zugeben: Es handelt sich um alles andere, nur nicht um das Traditions- und Gewohnheitschristentum früherer Jahrhunderte. Von einer früher sanktionierten, gedankenlosen Routine bzw. von dem veräußerlichten Betrieb einer geheiligten »Kirchenordnung« kann keine Rede mehr sein.

Die Christenheit ist wieder zur »kleinen Herde« zurückgekehrt, oder besser gesagt, zu kleinen Herden, die wieder zur »Tempelreinigung« fähig geworden sind und zum »Zorn des Lammes« überall da, wo Unfrieden, Lieblosigkeiten und Ungerechtigkeiten in der Welt herrschen. Nach dem Vorbild Jesu findet »Anbetung« im Geist und in der Wahrheit statt – statt Anbetung und Gehorsam gegenüber Vorschriften und Autoritäten, die zwar einer Ordnung und bestimmten Ordnungshütern dienen, aber an Gott und den Menschen kein besonderes Interesse haben – allen verbalen Beteuerungen zum Trotz.

Wie vielfältig diese »kleinen Herden« auch sein mögen – sie leben und handeln alle auf dem Boden des Evangeliums. Dabei ist Jesus Ursprung und Inspirator allen Geschehens, wenn vieles, menschlich gesehen, auch sehr fragmentarisch und unzulänglich bleibt. Aber wir stehen alle zu diesen menschlichen Begrenztheiten, anstatt sie mit Weihrauch, mit einer Dunsthülle aus Triumphalismus zu umhüllen oder mit Hilfe von Unfehlbarkeitsansprüchen unter den Teppich zu kehren. Für uns sind Schuld und Menschlichkeit wieder zu glücklichen Anlässen einer dauernden Umkehr geworden – »felix culpa« nannten das die ehrlichen christlichen Jahrhunderte.

Wie gesagt, wir gehen bei unseren Treffen meist vom Evangelium aus, um Schritte fürs Leben zu überlegen. Oft werden wir aber auch umgekehrt von konkreten Situationen inspiriert und herausgefordert. Dann treffen wir keine Entscheidung, ohne einen Text des Evangeliums zu Rate gezogen zu haben. »Modellum nostrum Christus est.« Christus ist dabei Maßstab und Richtschnur unseres Denkens und Handelns.

Was die »moderne« Welt bzw. die »modernistischen« Menschen dabei betrifft, so besteht vielleicht für uns die größte Versuchung darin, Fanatiker des Guten zu werden. Beim Gespräch über das Gleichnis vom Weizen und vom Unkraut (Mt 13, 24–30) konnten wir uns des Eindrucks nicht erwehren, als würde der Mensch dargestellt wie ein Acker, auf dem Gutes und Böses wächst, Segen und Unheil, Gnade und Verlorenheit. In jedem Menschen scheint das Gute und Böse angelegt, gibt es Licht- und Schattenseiten. Beides scheint sogar notwendig, so als würde das Gute nur dadurch an Kraft gewinnen, wenn es sich dem Bösen stellt, wenn es in Kampf und Auseinandersetzung mit allem eintritt, was an Widergöttlichem und Satanischem im Menschenleben auftritt.

Man hat den Eindruck, als wollte Jesus sagen: Zum Weg des Guten und der Gnade gehört die Erfahrung der Sünde und Schuld. Nur wer dem Niedrigen und Gemeinen begegnet ist, wer ihm sogar erlegen ist, vermag Schritte der Umkehr und des Neubeginns zu tun. Wer das Böse kennt, vermag die Schuld als »felix culpa« zu erleben. Deshalb ermuntert Jesus niemanden, das Unkraut einfach auszureißen; er empfiehlt eher den Weg des Gießens, des Kultivierens, des Stärkens, der Mobilmachung des Guten im Menschen, damit das Böse nicht überhand nimmt und anfängt, das Ganze des Lebens zu bestimmen. Das wird mit dem Vorgang des Säens bezeichnet. Dem Menschen ist es aufgegeben, bei sich wie bei anderen stets neu zu säen. Die Ernte soll er Gott überlassen. Deshalb das Wort Jesu: »Laßt alles wachsen bis zur Ernte.« Erst am Tag der Ernte wird das Unkraut vom Weizen getrennt.

Mit dieser Lebensanweisung, die den Menschen sein ganzes Leben lang in einen Entscheidungsprozeß der Freiheit stellt zwischen Gott und dem Teufel, zwischen Gut und Böse, hat sich Jesus damals gegen die Auffassung der Pharisäer und Schriftgelehrten gestellt. Diese hatten nämlich eine Fülle von Gesetzen und Paragraphen, Geboten und Verboten zur Hand, um beim Menschen um jeden Preis »Unkraut« zu verhindern. Sie waren so fanatisch beim Durchsetzen des Guten, daß sie in ihrem Kampf gegen Gesetzesverstöße gar nicht merkten, daß sie auch das Gute im Menschen zerstörten: seine Freiheit, seine Mündigkeit, seine Gewissensstärke, seine Gottesebenbildlichkeit, letztlich den Weg- und Wachstumscharakter jedes menschlichen Lebens, das sich von Gott ins Dasein gerufen weiß.

Jesus kämpfte offensichtlich nicht einfach gegen alles Böse und Gotteswidrige in der Welt. Seine härteste Auseinandersetzung fand mit den Fanatikern des Guten statt, die sich anmaßten, Gottes Pläne über die Menschen und die Welt kanalisieren zu können. Solche *Fanatiker* des Guten gibt es überall; sie gleichen in vielen Äußerungen Heuchlern, Menschenverächtern, Scheinheiligen, den Taten einer Schlangenbrut, die das Gute zu tun vorgeben, im Inneren aber reißende Wölfe sind. An menschenverachtenden Maßnahmen sind sie anscheinend am besten zu erkennen.

Jedenfalls haben wir mit andersdenkenden »Sympathisanten« die Erfahrung gemacht, daß sie wirklich »sympathisch« werden und konstruktive Mitarbeiter sein können in dem Augenblick, wo wir selbst offen und flexibel bleiben für das »Neue«, welches sich durch sie auftut. Wenn sich niemand zu wichtig nimmt, wachsen die innere Ruhe und nötige Gelassenheit für gemeinsame Aufgaben und Taten. Schließlich ist Er es, der jeden Tag die Sonne aufgehen läßt über Gute und Böse, über Gerechte und Ungerechte (Mt 5,45).

Vorrang hat die »erste Liebe«

Wahrscheinlich bedeutete die Entdeckung einiger Texte aus der *Geheimen Offenbarung des Johannes* einen der entscheidendsten Wendepunkte in der Ausrichtung und Orientierung unserer Kleinkirche für die Zukunft. Es ist schon ein paar Jahre her. Da erlebten wir eine große Krise. Wir wußten nicht mehr recht, welches unsere eigentliche Aufgabe war und welches unsere »Spiritualität« sein müsse.

Vielleicht steckten einige von uns noch zu sehr im Fahrwasser alter kirchlicher Konzepte, die die Evangelisierung und die Neuevangelisierung vor allem säkularer Gesellschaften zum Ziele hatten. Es war dauernd von »Weitergabe des Glaubens« an kommende Generationen die Rede, ohne daß eigentlich klar war, was »Glaube« eigentlich ist und wie er weitergegeben werden sollte. Denn auch die unkirchlich gewordenen Menschen behaupteten, einen Glauben an Gott zu haben. Viele bezeichneten sich sogar als Christen und eifrige Bibelleser, ohne sich auch nur im Geringsten darum zu kümmern, was die herkömmliche Kirche in ihrer persönlichen Lebensgeschichte für eine Rolle und Funktion haben könnte.

Aus kirchlicher Sicht war jahrhundertelang, wenigstens seit der Reformation und Gegenreformation, der Gedanke vorherrschend, daß *Glaube* am meisten mit Dogmen, Lehren und moralischen Anweisungen zu tun habe. In der Angst, daß die *Weitergabe des Glaubens* nicht mehr gelingen würde, wurden eine Unmenge gescheiter theologischer Bücher für das Volk verfaßt. In wenigen Jahren nach dem 2. Weltkrieg wurden allein in Deutschland sieben Katechismen geschrieben und verbreitet.

Weil die Leute sich immer mehr von der Kirche distanzierten, entstand eine gewisse Atemlosigkeit und Hektik in der Frage nach der Weitergabe des Glaubens. Wie Petrus Canisius die Gegenreformation hauptsächlich mit einem Katechismus bestritt, so meinte man kirchlicherseits, den neuen Herausforderungen des Unglaubens auch in späteren Zeiten mit Weltkatechismen voll Wahrheit und theologischer Klarheit begegnen zu können.

Wir in unserer Hauskirche haben uns allerdings nicht allzu theoretisch mit solchen Kirchenkonzepten auseinandergesetzt, obwohl einige von uns naturgemäß sehr davon infiziert bzw. angetan waren. Wenn nämlich die brennende Frage bei uns auftauchte, wie es komme, daß sich unsere eigenen Kinder vom ehemals eindeutigen Kirchenglauben distanzierten, waren gleich einige mit bestimmten Parolen und Heilmitteln zur Hand: Wir müssen die »reine Lehre« deutlicher sagen und verkünden, wir hätten selbst zu viele Zweifel an der eigenen Glaubenstradition, unser Zeugnis sei nicht überzeugend genug, den Kindern und Jugendlichen müsse wieder eindeutig, ohne Wenn und Aber, vorgelebt werden, was Christsein bedeutet. Zudem gäbe es das unfehlbare Lehramt...

Diejenigen, die solche fundamentalistischen Parolen immer wieder zu hören bekamen, versuchten sich zu rechtfertigen mit den Fragen: Was haben wir denn falsch gemacht? Was hätten wir denn radikal anders machen können und müssen? Haben wir nicht versucht, christliches Leben ernstlich als Aufgabe anzugehen und zu gestalten?

Bei solchen Reden und Widerreden in der Gruppe entwickelten sich Streitgespräche, die bisweilen bis an den Rand der Unversöhnlichkeit gingen. Es kam so weit, daß die einen mit den anderen nicht mehr sprachen. Man ging sich aus dem Weg. Oder bestimmte Themen waren wie ein Tabu, welches man nicht mehr anzurühren wagte.

Die spannungsreiche Situation änderte sich im Laufe einiger Jahre insofern, als die »*Fundamentalisten*«, die immer so genau wußten, wie es geht und wie man es machen muß, selbst ihre ernüchternden und enttäuschenden Erfahrungen machen mußten. Einige ihrer Kinder wandten sich noch radikaler vom christlichen Glauben ab, als manche andere. Obwohl christlich erzogen, obwohl stets bestens mit den Gnadenmitteln der Kirche versorgt, obwohl genauestens über christliches Leben und Handeln informiert und indoktriniert, erklärten manche Heranwachsende ihren Eltern, daß sie die Nase von all dem »fromm Erlernten« und Praktizierten voll hätten, sie bräuchten diesen Gott der Christen nicht. Es lebe sich auch ohne Kirche und Religion gut und angenehm.

So standen wir lange Zeit vor dem Trümmerhaufen unserer eigenen Erfahrungen. Der Gipfel unserer Enttäuschungen bestand darin, daß einige unserer Kinder – auch aus anderen Gruppen der Stadt – in der Drogenszene endeten. Einer tauchte sogar als Terrorist unter. Waren wir auf diese Weise dazu verurteilt, »Kreuzestheologie« zu leben, mußten wir uns fatalistisch damit abfinden, eine immer kleinere Herde zu werden? Und wenn schon kleinere Herde – konnten wir sagen, daß das kirchliche Schrumpfen ein *Gesundschrumpfen* sei? Mußten wir nicht eine neue Offensive zur Evangelisierung der eigenen Familien, unseres eigenen Volkes beginnen? Mit noch mehr Eifer, noch mehr Ideen, noch größeren Anstrengungen? Und was konnte das Ziel unserer Mühen dabei sein? Sich wieder blind und untertänigst kirchlichen Autoritäten unterzuordnen, obwohl ja nicht ihre, sondern unsere Lebenslage zur Diskussion stand? Die großen Kirchenbauten unserer Städte, die zum Teil schon profanen Zwecken dienten, wieder zu Sakralbauten umzuwandeln? Die Massen wieder in die Kirchen zu bekommen, damit sie wie früher anonym nebeneinander sitzen und stehen würden, sich sakramental versorgen ließen, um das Übrige des Geschehens in Kirche und Gesellschaft dem lieben Gott zu überlassen? Wenn solche Ziele und Aufgaben auch nur am Horizont unseres Denkens auftauchten, fanden wir für uns selbst sehr schnell, daß sich niemand dafür erwärmen wollte. Dafür würde sich kein Einsatz lohnen...

Eines Tages trafen wir uns im Haus von Paul und Eugenie. Wie auch sonst, hatten sie den Auftrag, einen Text des Neuen Testaments auszuwählen. Beim Durchblättern der Bibel am Tag zuvor waren sie auf die Stellen der Offenbarung gestoßen, in denen von den sieben goldenen Leuchtern die Rede ist, in deren Mitte der Herr einhergeht. Die *sieben Leuchter* waren für den Evangelisten die *sieben Gemeinden*, und die Sendschreiben an sie erläuterten das beginnende Gericht über die Kirche. Vorbild dafür war wohl die Tempelreinigung in Jerusalem (vgl. Mk 11, 15–19).

Über diese Texte haben wir lange nachgedacht. In dem darin beschriebenen *Gericht Gottes über die Gemeinden* waren für uns keine pauschalisierenden Aburteilungen zu erkennen. Jede Gemeinde wurde in ihrer Eigenart gesehen. Denn Gott sah alles an, was in den einzelnen Gemeinden geschah. Über Ephesus heißt es: »Ich kenne deine Werke und deine Mühe und dein Ausharren; ich weiß: Du kannst die Bösen nicht ertragen, du hast die auf die Probe gestellt, die sich Apostel nennen und es nicht sind, und du hast sie als Lügner erkannt. Du hast ausgeharrt... Ich werfe dir aber vor, daß du deine erste Liebe verlassen hast« (Offb 2,2) – Und die Gemeinde in Laodizea erhält den scharfen Tadel: »Oh, daß du kalt wärest oder warm, weil du aber lau bist und weder warm noch kalt, will ich dich ausspeien aus meinem Munde« (Offb 3, 15 ff).

Während bei den Gemeinden die Mängel und Fehler beim Namen genannt werden, ist doch immer wieder auch von Ermutigung und Zuspruch die Rede: »Wen ich liebe, den weise ich zurecht und nehme ihn in Zucht. Mach also ernst, und kehr um!« (Offb 3, 19).

Gerade diese letzte Aufforderung hat uns nachdenklich

gemacht. Umkehr wohin und wozu? Zur ersten Liebe! So haben wir den Gedanken, Glauben im herkömmlichen Sinne weitergeben zu müssen, immer mehr aufgegeben. Denn der Glaube, so wie wir ihn verstanden und gelernt hatten, neigte offensichtlich dazu, die erste Liebe zu verlieren. Bestand er doch aus klaren Formulierungen und Sätzen, die es auswendig zu lernen und zu befolgen galt und die dazu angetan waren, denen mit Lieblosigkeiten, Haß, Verfolgung und Intoleranz zu begegnen, die anders dachten und handelten. Geschichtliche Beispiele dafür gab es übergenug.

Den wohlformulierten theologischen Sätzen entsprach innerkirchlich eine *heilige Ordnung*, die es von allen einzuhalten galt. Darauf achteten die Tempelhüter damals und Kirchenbeauftragte auch heute noch, also die offiziell dafür bestellten Hüter des Glauben und die Inhaber des Amtes.

Wenn auch das Einhalten der Gebote und das Tradieren christlicher Werte leicht zu einer sanktionierten Routine werden konnte, wenn auch im Laufe der Zeit ein veräußerlichter kirchlicher Betrieb dabei entstanden war, so wurde doch alles getan, um das Haus des Vaters in Ordnung zu halten. Wenigstens war das die offizielle Redeweise.

In Wirklichkeit erschien es vielen Zeitgenossen weitgehend als ein religiöses Tun, welches der *Eitelkeit menschlicher Amtsträger* entsprach. Es war dazu angetan, bestimmten Menschen zu gefallen und ihnen auf die Schulter zu klopfen. Es diente der publikumswirksamen Selbstdarstellung, die lange Zeit noch gute Statistiken aufzuweisen hatte und hervorragende Sammlerergebnisse vorzuzeigen verstand. Hinzu kamen die vielen Bildungsveranstaltungen, Konferenzen, Tagungen, Schulungen, Wallfahrten und Massenversammlungen. Sie glichen einer Flucht in die Hektik einer äußeren Betriebsamkeit, die um so eiliger angetreten wurde, je mehr die Leute, vor allem Arbeiter, Frauen und Jugendliche dazu neigten, davonzulaufen. So jedenfalls hat es ein Pfarrer öffentlich geäußert: »Mit allen pastoralen Anstrengungen bis an die Grenze meiner Kraft erreiche ich gerade, daß meine Gemeinde etwas langsamer stirbt als andere.«

Dieses »langsamere Sterben« hatte sicher etwas damit zu tun, daß auch viel Gutes geschah. Zum Beispiel war das kirchliche Bemühen beachtlich, Menschen zu erreichen, Brücken zu bauen, aus Vereinzelung und Einsamkeit herauszuhelfen, Hilfe zu lebendigerem Glauben zu leisten, wenn dies bisweilen auch nur in sehr kleinen Schritten möglich erschien. Aber dennoch herrschte das unbestechliche Gefühl des »langsamen Sterbens« vor.

Diese Erfahrung, die damals wohl alle machten, hat bei uns die Frage nach der »ersten Liebe« zu einem Daueranliegen werden lassen. Denn wie konnte Glaube lebendig bleiben und weitergegeben werden, wenn die erste Liebe erloschen war? Und war sie nicht gerade deshalb erloschen, weil »Glaube« als ein theologisches System, als eine Ideologie mißverstanden worden war, die es mit allen Mitteln zu verteidigen und auszubreiten galt, wobei Fundamentalismus, Fanatismus und repressive Maßnahmen einer innerkirchlichen Christenverfolgung bisweilen sogar als geeignete Mittel gutgeheißen und praktiziert wurden, um das menschengemachte Haus Gottes instand zu halten? War ein so verfaßtes Glaubensverständnis nicht geradezu ein Hindernis, um die »erste Liebe« leben zu können? Obwohl theoretisch die Liebe, sogar die Feindesliebe, als Hauptgebot angesehen und verkündet wurde – wie konnte sie praktisch gelebt werden? Angesichts der Tatsache, daß es für die Praxis der Caritas eine Anzahl dafür zuständiger Büros und Organisationen gab – wie konnte die Praxis der ersten Liebe in unseren Kleinkirchen, in unseren kleinen Gemeinschaften wieder gelingen? Was mußte geschehen, daß die Liebe wieder zu der tragenden Kraft wurde, die Glaube und Hoffnung über alle menschlichen Maßnahmen hinaus glaubwürdig werden ließ?

Lange Zeit ist die Frage nach der Entdeckung und Wiederentdeckung der ersten Liebe Thema Nr. 1 bei unseren Zusammenkünften geblieben. Dabei machten wir aber auch die Erfahrung, daß wir de facto bereits richtige Schritte zur Beantwortung dieses Anliegens unternommen hatten, bevor wir überhaupt auf solche Fragen gestoßen waren. Wie es mit den Wegen Gottes wohl immer ist, so geschah es auch uns. Man muß immer erst die Wahrheit getan und praktiziert haben, um zum Licht zu kommen (Joh 3, 21).

So hatten wir schon lange vorher Schwerpunkte gesetzt, die in der Praxis für uns entscheidend wurden. Wir hatten aufgehört, Religion und Glauben »nach Vorschrift« zu leben. Wir hatten angefangen, eine immer bessere Beziehung zueinander zu finden. Vorbild dabei war die liebende Beziehung unter Menschen. Wo Menschen sich mögen und verstehen, nehmen sie Rücksicht aufeinander, hören sie aufeinander, sprechen sie miteinander, versuchen sie, den jeweils anderen immer besser zu verstehen und auf ihn einzugehen. Erst im Prozeß des dauernden Aufeinanderzugehens entwikkeln sich dauerhafte Bande, die das Ich durch das Du und das Du im Ich wachsen und gestärkt sein lassen. Es wächst auch die Beziehung zu Gott und seiner befreienden Botschaft, die fähig und bereit macht, auch Fremde und Andersdenkende miteinzubeziehen, ja sogar Feinde zu Freunden werden zu lassen. Symbol dafür war die Tischgemeinschaft, die wir wieder werden wollten und angefangen hatten zu sein.

Dabei waren wir von Anfang an in Konflikt mit der herkömmlichen kirchlichen Vorstellung von der Altargemeinschaft geraten. Denn es gab kirchliche Kreise, die sich so und nicht anders verstanden. In dieser Weise strebten sie auch die Restauration an. Für uns war eine solche Restauration schon deshalb vom Ansatz her nicht möglich, weil wir an Zahl klein geworden waren. Wir gewannen dazu immer mehr die Überzeugung, daß Gott selbst im Gang der Zeit und bei der Dynamik der Geschichte eine solche Restauration verhinderte, weil es keine christliche hätte werden können.

Als Tischgemeinschaften hatten sich die Gläubigen in den ersten christlichen Jahrhunderten bereits verstanden. Sie hatten sich als Christen nicht um den Altar versammelt, sondern um den Tisch. Für sie hatte Jesus sogar die Altäre abgeschafft, denn sie stammten aus archaischer Zeit, in der sie dem Opfer dienten, d. h. dem Tausch von Lebensgütern und Lebensüberfluß gegen göttliches Wohlgefallen. Sie waren ursprünglich auch Wohnorte der Götter und des Göttlichen und deshalb so heilig, daß selbst Verbrecher in ihrer Nähe den Schutz des Asyls finden konnten.

Um auf ihnen Opfertiere schlachten und Fleisch verbrennen zu können, errichtete man in der griechisch-römischen Zeit mächtige Altäre aus Stein. Sie waren den Göttern geweiht, auf ihnen wurden den Göttern Speisen dargeboten. In ihrer Größe symbolisierten und demonstrierten sie die Macht über andere Götter und Menschen. Man braucht dabei nur an die Ara Pacis in Rom zu denken mit ihren 10 mal 11 Meter Ausmaßen, an den Hörneraltar in Delos oder den 200 Meter langen und 22 Meter breiten Altar des Hiero II in Syrakus...

Für uns ist wieder sehr wichtig geworden, was für Jesus offensichtlich unverzichtbar und zeichenhaft war, nämlich mit Zöllnern und Sündern an einem Tisch zu sitzen. Auch die alte Kirche hatte bis zum 3. Jahrhundert daran festgehalten, ihre Gläubigen um den Tisch des Herrn zu versammeln (1 Kor 10, 21). Die Tischgemeinschaft war nicht zuerst eine Erinnerung an den Kreuzestod Jesu, sondern sie feierte in festlich hergerichteten Häusern das Abendmahl. Es war die Weiterführung eines Auftrags: »Tut dies zu meinem Gedächtnis« (1 Kor 11, 24).

Das Gedächtnis des Lebens Jesu, wozu auch Tod und Auferstehung gehörten, wurde nicht nur wichtig für das Leben der ersten Christen selbst, sondern vor allem auch für ihre Gäste, die zum Tisch gehörten. Nach dem Beispiel Jesu waren es für die Christen die zu kurz Gekommenen, die Hungernden, die »Niedrigen«, die gesellschaftlich Ausgeschlossenen und die von der religiösen Gemeinde Mißachteten. So wurde die Mahlfeier nicht vordergründig zu einem Erlebnis von Sympathie und Freundschaft mit Gleichgesinnten, sondern zu einem Zeichen der Herausforderung und des Einsatzes für die schwächsten Glieder der Gemeinschaft. Sie wurde zu einem Bild der Hoffnung auf die Menschenfreundlichkeit Gottes allen Menschen gegenüber. Sie wurde die Feier der Initiation in die große Verheißung, daß »viele von Osten und Westen kommen werden und mit Abraham und Isaak und Jakob im Himmelreich zu Tisch liegen werden« (Mt 8, 11). Bei allen Leiden, die es gab und die alle Glieder der Gemeinde mitleiden ließen (vgl. Kor 12, 26), kam es doch vor allem darauf an, »in der Lehre der Apostel zu verharren und in der Gemeinschaft, im Brotbrechen und den Gebeten« (Apg 2, 42).

Was war das für eine Lehre? Die Lehre der späteren Philosophen und Theologen, von der die Apostel damals noch keine Ahnung hatten? Eine Lehre, bestehend aus gescheiten Formulierungen und Definitionen, aus juridischen Abgrenzungen, die genau zu kennen vorgab und vortäuschte, was Gott in einer jeweiligen Lebenslage beim Menschen zu tun gedenkt oder nach kirchlichen Vorschriften zu tun verpflichtet ist? Eine Lehre, die Gottes Handeln kanalisierte und kanonisierte, die wie ein Verhaltenskodex nicht nur von Menschen, sondern auch von Gott genauestens einzuhalten war?

Uns in unserer Hauskirche waren solche Fragen nicht nur immer wieder aufgestoßen, sondern auch als ziemlich absurd erschienen. *Stand Gott im Dienste kirchlicher Vorschriften*, wie die Menschen übrigens auch, oder mußte sich »Kirche« immer wieder auf das einlassen und zu dem hin bekehren, was Gott in der Geschichte des Menschen und der Menschheit zu tun gedachte? Für uns jedenfalls stand die »Lehre der Apostel« immer lebendiger vor Augen als *die Interpretation* und *Aktualisierung* eines Lebens, dem sie sich selbst verpflichtet hatten, und das in Nazareth seinen Anfang genommen hatte. Von dem, was Jesus gelehrt und getan hatte, bezogen wir unsere Inspiration und Orientierung – nicht so, als würde uns von späteren kirchlichen Entwicklungen und Traditionen nichts mehr interessieren, aber doch so, daß alle späteren Entwicklungen und Traditionen sich in unseren Augen als wahr und glaubwürdig erweisen mußten, insofern sie sich wirklich als Weiterführung und Entfaltung des Ursprünglichen erwiesen. »Ich stehe vor der Tür und klopfe an. Wer meine Stimme hört und die Tür öffnet, bei dem werde ich eintreten, und wir werden Mahl halten, ich mit ihm und er mit mir« (Offb 3, 20).

So hatte er gesagt. So hatte er es praktiziert. So war es auch nicht von ungefähr, daß er Tischgemeinschaften schuf. Auch wir wollten wieder Tischgemeinschaft sein. Der *Tisch* wurde für uns immer mehr zu einem symbolträchtigen Gegenstand, wie er es für jedes »profane« Leben bereits war. Am Tisch sitzen gewöhnlich alle, auch die Gäste und Fremden. Dabei gibt es kein oben und unten, kein Stehen und Herabschauen der einen auf die anderen. Der Tisch ist dafür da, daß man daran ißt und trinkt. Auch zum Spielen ist er geeignet – für Gesellschaftsspiele, die Menschen zusammenführen, Gemeinschaft und erste Kontakte entstehen lassen. So werden unversehens Anlässe zu Gesprächen, Diskussionen, gegenseitigem Sich-Mitteilen geboren.

Im Klima solchen unmittelbaren Zusammenseins wächst der Sinn für den Ernst des Lebens, von dem alle betroffen sind und mit dem jeder auf eigene und personale Weise sich auseinandersetzen lernen muß, um menschlich und christlich das Leben bestehen zu können. In solcher Gemeinschaft wird *Personwerdung* ermöglicht, findet Selbststand und Gewissensbildung statt. Wer auf diese Weise anklopft und auf seine Stimme hört, erweist sich als fähig und offen, in eine personale Beziehung zu Gott einzutreten. Im »Wir« vor Gott wird nicht nur menschliche Gemeinschaft ermöglicht, sondern auch Gemeinschaft mit Gott, die den einzelnen jedoch nicht unterdrückt und tötet, sondern ihn seine personale Würde und Einmaligkeit finden läßt.

Wir in unserer Hauskirche haben heute völlig den Sinn dafür verloren, was unter den christlichen Konfessionen vor fünfzig Jahren noch ein Skandal war, aber nicht einmal als solcher erkannt und empfunden wurde. Christen haben sich nicht nur wegen theologischer Spitzfindigkeit bekämpft, sondern sich gegenseitig von ihrer Tischgemeinschaft ausgeschlossen, weil die einen den anderen nicht die dazu nötige theologische Eintrittskarte ausstellen wollten und weil die einen verbindlich und nachweislich den anderen gegenüber behaupten zu können glaubten, daß sie wegen ihrer anderen Sicht der Dinge einen nicht so »guten« und »wahren« Glauben hätten wie sie selbst.

Solche arroganten Zurechtweisungen anderer sind immer mehr als Indizien der Glaubens- und Lieblosigkeit derer entlarvt worden, die den einzig wahren Glauben für sich beanspruchen. Bei ihrer »Rechtgläubigkeit« an Definitionen und Formeln hatten sie selbst nicht gemerkt, daß das Evangelium über einen solchen Glauben schon längst das Urteil gesprochen hatte: Der Glaube ohne Werke (der Liebe) ist tot. Man kann den Glauben nur zeigen aufgrund der Werke. Den Glauben an einen Gott haben auch die Dämonen... (vgl. Jak 2, 14–20). Und: Wenn ich die Sprachengabe hätte oder die Gabe des prophetischen Redens oder einen die Berge versetzenden Glauben – hätte aber die Liebe nicht, so nützte das alles nichts. Ich bliebe ein dröhnendes Erz und eine lärmende Pauke (vgl. 1 Kor 13, 1–13).

Was Jesus bei seiner Botschaft vom Reiche Gottes auszeichnete, war wohl die Tatsache, daß er bei seiner Predigt zugleich den Menschen gab, was sie zum Leben brauchten (vgl. Jak 2, 16). Und die Frage nach dem »Was brauchen sie?« wurde von ihm nirgendwo pauschalisierend und abstrakt beantwortet. In seinem Sinne und unter seiner Leitung wollen wir *Glauben* wieder als das praktizieren, was er einmal war: Keine unverbindliche, freundliche, verbal beteuerte und bisweilen mit akademisch-wissenschaftlicher Akribie vorgetragene Anerkennung Jesu, sondern die verbindliche Übernahme seiner Praxis, die verbindliche Aktualisierung der Lebensweisung Jesu im Hier und Heute der Geschichte.

Das Licht dieser Erkenntnis ist in unserer Tischgemeinschaft immer mehr zum Tragen gekommen. Es hat uns auch befähigt zu begreifen, daß es Nichtkatholiken und sogar im herkömmlichen Sinne »Ungläubige« gibt, die mit uns bereit sind, sich zu einer solchen Lebenspraxis hin zu »bekehren«, den Versuch der Umkehr dorthin zu wagen, weil er *sinnerfülltes Leben statt Lebensleere* verspricht. So ist die *Gastfreundschaft*, auch die eucharistische, zu einem Grundpfeiler unserer Zusammenkünfte geworden.

Manchmal haben wir uns allerdings bei unseren gemeinsamen Zusammenkünften des Lesens, Sprechens, Singens und Betens gefragt, wer wem eigentlich Gastfreundschaft gewährt? Zwar sind wir Katholiken in der Mehrzahl, weil wir auch die Initiatoren dieser Entwicklungen waren – während und nach den Jahrzehnten antimodernistischer Eide, deren Dramatik ja darin bestand, daß ihre Verfechter die ganze Welt zu bereisen wußten und sich zum Teil an der dynamischen Entwicklung der demokratischen, freiheitlichen Gesellschaften aktiv beteiligten, es dabei aber versäumten, solche die Menschen mobilisierenden Aktivitäten für die Kirche zu nutzen.

Seitdem stoßen auch Protestanten zu uns und auch einige Methodisten und Adventisten. Sie haben zwar ihre eigenen Gruppen mit ihren eigenen Traditionen, aber wo es um die

Praxis der Nachfolge geht, sehen wir keine Unterschiede zwischen uns.

Auch die jeweiligen Kirchenleitungen haben inzwischen aus den Fehlern der Vergangenheit gelernt und eingesehen, daß es tatsächlich auf nichts anderes ankommt als auf die verbindliche Übernahme einer Lebenspraxis, die dem Menschengeschlecht vor 2000 Jahren eine über Menschengrenzen hinausgehende Hoffnung eröffnete. Insofern sind wir alle »Gäste« und »Geladene« des einen Herrn. Was sich unter uns an »Gastfreundschaft« ereignet, ist nur Zeichen und Symbol dessen, der alle Menschen seiner Gnade und Huld ruft und beruft.

Darin hat sich auch in der Praxis des Lebens von Christen verschiedener Konfessionen ein Grundkonsens gebildet. Er heißt Jesus Christus. »Denn einen anderen Grund kann niemand legen als den, der gelegt ist: Jesus Christus« (1 Kor 3, 11) und »der bereits dazu ausersehen war vor der Erschaffung der Welt« (1 Petr 1, 20).

Gewiß, man hatte jahrhundertelang in theoretischer Gescheitheit dieses Primäre hintangesetzt. Man hat zweitrangige Grunddifferenzen dafür an die erste Stelle gerückt und stets Barrikaden errichtet. Dadurch, daß es verschiedene Auffassungen gab über Rechtfertigung, Abendmahl, kirchliche Ämter und über die Ausübung bzw. »Wirksamkeit« der Sakramentenspendung, über die bis zum Exzeß gestritten wurde, entwickelte sich im Bewußtsein des Volkes immer mehr der Beweis und die Evidenz, daß das christlich »Eigentliche« in menschliche und kirchenamtliche Ambitionen abgeglitten war. Eine wirkliche Kultur des Streitens um der Wahrheit willen, wenn sie eindeutig erkennbar wäre, hätte sich den Blick niemals nehmen lassen für die Tatsache, daß der gemeinsame Grund, der gelegt ist, nicht auf derselben Ebene liegt wie alle theoretischen und kirchenamtlichen Grunddifferenzen und Grundprobleme. So wurde in der Auseinandersetzung um das menschlich und geschichtlich

Gewordene das göttlich Gestiftete verdrängt. Dabei ist doch der Grundkonsens des gemeinsamen Lebens, welches sich an Christus orientiert, ein für allemal vorgegeben.

Jedenfalls hat sich dieser Gedanke im Volk Gottes viel schneller durchgesetzt als auf der »höheren Ebene«. Das Volk Gottes war konsequenterweise nicht mehr lange bereit, den Kirchenfürsten bei ihrem Ökumeneverständnis Gefolgschaft zu leisten, obwohl wir in unserer Kleinkirche, in unserer »Katakombe«, viel Verständnis gewonnen haben für die Verdrängungen und Vertuschungen derer, die sich zu früheren Zeiten und bis heute höchst theoretisch mit dem Christentum verschiedenster Ausprägung beschäftigen, dabei aber das Entscheidende als sekundär behandeln. Denn Kirchesein, wie wir es verstehen und zu leben versuchen, ist in seinem *Wegcharakter* entscheidend mühevoller als alle theologischen Streitgespräche.

Neulich, als wir einen »ökumenischen Gottesdienst« feierten und vieles über unseren gemeinsamen Glaubensgrund, der in der Praxis der Liebe besteht, zur Sprache kam, hatte Justus, unser »Poet« und »Bücherwurm«, die Briefe des 33 Tage-Papstes bei sich, die jener als Kardinal geschrieben hatte und die erst nach dem so plötzlichen und rätselhaften Tod Johannes Pauls I. weltbekannt geworden waren. Er las den Satz, der am Ende des Jesus-Briefes zu finden ist: »Es kommt nämlich nicht darauf an, daß jemand über Christus schreibt, sondern daß viele Menschen Christus lieben und ihm nachfolgen.«

Und Justus erzählte bei dieser Gelegenheit, daß ein anderes Wort von diesem leider so schnell verstorbenen Papst für ihn wie für viele Suchende und Fragende maßgeblich geworden sei. Im Blick auf das Wort Jesu »Ich bin der Weg, die Wahrheit und das Leben« hatte der Papst nämlich zu verstehen gegeben, daß dieser Botschaft gegenüber »jeder nur ein kleines, armseliges Stückchen Wahrheit in der Hand hält«.

Zugegeben: Wenn es um die Realisierung dessen geht, was da jahrhundertelang von hoher Warte aus verkündet wurde, hat jeder ohne Ausnahme Grund genug, vom hohen Roß herabzusteigen.

Glaube, der »sehend« macht

Beinahe hätten uns *Helmut* und seine *Freundin Anja* das ganze *Wochenende* verdorben. Denn wir hatten es uns als »gemütliche« Zeit miteinander ausgedacht – auf einer wunderschön gelegenen Burg im Rheintal. Solche Zeiten des zwanglosen Beisammenseins ohne besonderes Programm, mit Singen, Spielen, erholsamen Spaziergängen und Wanderungen reservieren wir uns einmal oder zweimal im Jahr. Um nicht ein »exklusiver Club« zu werden, laden wir gewöhnlich auch Interessenten und Gäste dazu ein, die Zugang zu uns finden wollen oder schon gefunden haben.

Zu diesen »Interessierten« gehörte auch Helmut. Niemand von uns kannte ihn. Aber schon bei der Vorstellung am Abend zeigte sich die Gefahr, die er für unser »gemütliches und zwangloses Beisammensein« bedeuten könnte. Denn er war nur zufällig zu uns gestoßen, fand auch an sogenannten »christlichen Themen« keinerlei Geschmack. Dem Taufschein nach Protestant, hatte er sich eine Zeitlang mit dem »Pilz der Spaltungen« in seiner Konfession beschäftigt.

Bei Luther, Calvin und Zwingli angefangen, hatte es immer mehr »ideologische Schulen« statt Kirchen gegeben. Denn auf dem Boden des religiösen Individualismus und der subjektiven Rechthaberei war die Idee von der christlichen Gemeinschaft immer mehr eingeengt worden. Der Spaltbazillus hatte zu immer heftigeren gegenseitigen Verurteilungen geführt. Da gab es die Spannungen zwischen dem Hochkirchlichen und Niedrigkirchlichen, zwischen Amt und Volk, zwischen presbyterial und episkopal, zwischen Demokratie und Hierarchie, zwischen Unierten und Nicht-Unierten...

Kurz: Der Partikularismus und Egozentrismus der einzelnen Kirchen habe zu genauso viel Haß und Friedlosigkeit in der Welt geführt wie die uralten ethnischen und nationalistischen Rivalitäten zwischen Völkern und Staaten, die tiefgreifende Vertrauenskrisen und Kriegsgelüste zwischen Einzelpersonen und Gruppen hervorgerufen hatten, erklärte Helmut. Aber letztere seien ja schließlich nur von »irdischen« Interessen bestimmt gewesen, also von keinem hohen ethischen Anspruch inspiriert. Etwas ganz anderes sei es aber bei den sogenannten Christen...

Im Christentum also nichts Neues! Ein großer Teil von uns hat sich über diese Art der »Vorstellung« geärgert. Enthielt sie doch viel zu viel Sprengstoff, um noch ein geruhsames Wochenende feiern zu können. Zudem war Helmut »eingebrochen«, um das Wochenende mit seinen Themen zu besetzen.

Andererseits hat er, wie sehr schnell deutlich wurde, die Front der »Aufrechten« gespalten. Denn es zeigte sich, daß von ihm Fragen angesprochen worden waren, die auch einige von uns bewegten und die auch lange Zeit als Hauptgefahren von den kirchlichen Restaurierern an die Wand gemalt worden waren. Der Protestantismus habe bei seiner Rede von der *»Freiheit des Christenmenschen«* den Spaltbazillus besonders kultiviert, während die katholische Kirche durch ihre Einheit und Entschlossenheit jahrhundertelang eine »feste Burg« geblieben sei. Vor einem Katholizismus, der auf dem besten Wege sei, protestantisch zu werden, war lange Zeit erfolgreich gewarnt worden – vor allem noch einmal sehr energisch in den Jahren, in denen »Basisbewegungen« entstanden, die in Europa, Lateinamerika, Afrika und Asien »einheimische Kirchen« und theologische Inkulturationsprozesse inszenierten. Diese waren auch wiederum vom Gedanken der christlichen Freiheit inspiriert. Sie wollten offensichtlich nicht einsehen, daß das Thema der Freiheit deshalb zu den Akten gelegt werden müsse, weil seine

Realisierung auf weiten Strecken der Geschichte nicht gelungen war.

Aber auch wir in unseren Hauskirchen und Kleingruppen, die wir von der Freiheit des Christenmenschen sprachen und reichlich davon Gebrauch machten, hatten uns dem Verdacht ausgesetzt, »Spalter« der Einheit zu sein. Naturgemäß war uns solche Verdächtigung schon immer an den Nerv gegangen, zumal wir aus der Erfahrung wußten, daß es nicht leicht ist, die vielen Kleinkirchen in unserer Stadt und im ganzen Land zusammenzuhalten. Das erfordert von einem Bischof, der mit der Aufgabe der Einheitserhaltung betraut war, seine ganze Kraft und Lebensenergie.

Andererseits konnte es in den Abläufen der Zeit kein Zurück mehr geben. Keiner hätte es gewollt. Denn nicht nur Helmut, sondern auch andere vor ihm hatten uns schon oft mit der Frage konfrontiert, wie es kommen konnte, daß sich im Laufe der Jahrhunderte Christen so haßerfüllt und blutig bekämpften, warum »Ökumene« schon immer schwierig gewesen sei. Glaube und christliche Liebe müßten doch wohl zu etwas mehr Lebensqualität fähig sein als nationalstaatliche Interessen und die oft instinktiv-irrationalen Überlebensstrategien von ethnischen Gruppen ...

Worüber also früher bei uns schon oft gesprochen worden war und was bei unseren Zusammenkünften im Begriff war, ein »Dauerbrenner« zu werden – dazu hatte Helmut bei seiner Vorstellung wieder das Stichwort geliefert, an dem viele von uns emotional und existentiell nicht vorbeikamen. Ohne selbst zu merken, was er unter uns anrichtete, hatte er von den verschiedensten christlichen Kirchen gesprochen, die *»ideologische Schulen«* seien, statt Einübungsfelder zu alternativem Verhalten. Ideologie sei mehr oder weniger alles gewesen – statt Glaube und Liebe. Die Autorität der Wahrheit als »Ideologie« – die könne natürlich keine Freiheit zulassen. Und wenn Menschen dennoch auf ihrer Freiheit und persönlichen Entscheidung bestünden, dann sei der

Konflikt mit der Wahrheit programmiert. So sei die Spannung in den einzelnen Kirchen zwischen Autorität und Freiheit eigentlich nie »fruchtbar« gelöst worden. Wo Menschen auf ihr Gewissen gepocht hätten, da sei die Autoritätskrise in den Kirchen eine natürliche Folge gewesen...

So waren wir wieder mitten in unseren Fragen. Was »nationale und ethnische Konkurrenz« auf der profanen Seite des Lebens verursacht hatten, das war bei der konfessionellen Konkurrenz der Kirchen genauso verheerend gewesen. Wenn auch im späteren ökumenischen Zeitalter viel von »Schwesterkirchen« die Rede gewesen war, von Dialog und Verständigung, von Brüderlichkeit und Frieden Christi, so hatten diese frommen Worte doch nicht den Realitätsbezug entwickelt, um Rechthabereien und kirchenpolitische Streitigkeiten leicht aus der Welt zu schaffen. Wo es um die »Sache« ging, war doch jede Kirche stur bei ihrer Position geblieben und hatte dabei wenig Verständnis für die Situation der anderen gezeigt. Dabei spielten überstarke Identifizierungen mit politisch-nationalen Anliegen »offiziell« zwar keine besondere Rolle. Denn »offiziell« mußte die Wahrheit vertreten werden, und die ließ keine Kompromisse zu. Wahrheit mußte intolerant sein. Wenn die Gefahr ihres »Aufweichens« am Horizont erschien, gab es kein Pardon.

Dabei beanspruchten alle auf andere Weise »die Wahrheit« für sich. Diesem Faktum lag wohl mehr oder weniger bei allen das Mißverständnis zugrunde, daß *»Wahrheit«* als eine idealistisch und objektivistisch faßbare, immer gültige ewige Glaubenssubstanz angesehen werden müsse, statt die geschichtliche Bedingtheit auch jeder christlichen Wahrheit zu akzeptieren. Das ungeschichtliche Denken in der Wahrheitsfrage hatte wohl immer den »Vorteil« gehabt, daß »von oben« alles bestimmt werden konnte. Wo das Ungeschichtliche die Oberhand gewann, glaubte man, mit administrativen Mitteln alles unterdrücken zu können, was nicht dazu gehörte, obwohl schon hundertfach aus der Geschichte nachgewiesen werden konnte, das objektiv-ungeschichtliches Denken oft imperialistisch, blind und intolerant gewesen war.

Auf seinem Boden waren seltsam unchristliche Blüten gewachsen: Dummheit, Machtgier, Menschenunkenntnis, ideologischer Starrsinn und Altersverkalkung, verbunden mit wenig Gespür und Empfinden für die jeweiligen Anliegen und Aufbrüche einer Zeit. Wo alles auf »Lehrsätze« und »Ideen« hinauslief, auf Ideologien und um jeden Preis zu erhaltende Systeme, da konnte keine Sensibilität mehr entwickelt werden für die »Zeichen der Zeit«, d. h. für umwälzende und epochale Herausforderungen. Aber auch nicht für Menschen »guten Willens« und »seiner Huld«.

Denn es kam zu verhängnisvollen Fehleinschätzungen mit schwer reparablen Folgen: vor ca. 500 Jahren zur Glaubensspaltung und zum Verlust der Einheit der abendländischen Kirche; zur »Christianisierung« Lateinamerikas und Afrikas im Kontext von Eroberung, Ausbeutung, Unterdrückung und Ausrottung ganzer Kulturen; zum Dreißigjährigen Krieg mit seinen verheerenden Auswirkungen; zum Absolutismus und zur antikirchlichen Aufklärung; zur Französischen Revolution und Säkularisation mit all ihren Licht- und Schattenseiten; zum Liberalismus und Sozialismus; zur Industrialisierung, Technisierung und zur Arbeitsproblematik vorerst ohne kirchliche Assistenz; zur alles beherrschenden Naturwissenschaft, Medizin und Psychologie; zum Kommunismus und Fachismus ... Einerseits zum Bruch zwischen Evangelium und moderner Kultur; andererseits zur Anbiederung und Beteiligung an irrationalen, menschenverachtenden Machenschaften und Unterdrückungsmaßnahmen.

Offensichtlich hatte auch den Kirchen – bei allen Verlautbarungen und Enzykliken – das konkrete Auge bzw. der Sinn gefehlt, um das Wesen der Welt und des Menschen, um den Gang der Dinge zu erspüren, verbunden mit der Unfähigkeit zu erkennen, was die Stunde jeweils geschlagen hatte. Bei allen Wahrheits- und Glaubensüberlegungen war der Glaube abhanden gekommen an »heilsgeschichtliche Situationen«, die zum Unheil werden, wenn sie unerkannt bleiben. Im statisch ausgebildeten System von Lehren und Geboten war die Blindheit gewachsen gegenüber der urbiblischen Wahrheit, daß das *Personwerden des Menschen,* daß wahre *Gemeinschaft in Freiheit* nur im Blick auf das Du Gottes in der Geschichte gestiftet werden könne. Denn im biblischen Sinn entstehen Heil und Heilung immer nur in der personalen Begegnung des Menschen mit Gott. Auch Glaube findet immer nur in personaler Begegnung statt, im Dialog zwischen dem Ich des Menschen und dem Du Gottes, in gegenseitiger Öffnung, bei der der Mensch den Ruf Gottes zu hören und zu beantworten hat.

Dabei ist der Glaubende kein Abstraktum; er steht immer in einer zeitbedingten Anrufsituation. Deshalb ist auch seine Freiheit im Glauben immer eine dynamisch in die Welt eingestiftete Freiheit. Auch die Kirche als Ganzes kann immer nur geschichtlich-situativ den Anruf Gottes zu hören versuchen und aus dem gemeinsamen Glauben heraus Antwort geben. Letztlich kann sie ihrem Auftrag nur gerecht werden im hellhörigen Eingehen auf das, was Zeit und Geschichte vom Glauben her erforderlich machen.

Sinnlose Polarisierungen in den Kirchen wie auch zwischen den Kirchen und Konfessionen waren immer das Ergebnis von tragischen Entwicklungen auf allen Seiten. Sie beruhen offensichtlich auf der gefährlichen Versuchung von Menschen und Gruppen, sich ihre jeweilige »Sachwahrheit« zu schaffen – ein Lehrsystem, welches jeden personalen Glauben allzu schnell zu einer Ideologie umfunktioniert. Dabei spielen für den Menschen *verführerische Faktoren* eine Rolle.

Zunächst die implizite Behauptung und selbstverständliche Praxis, daß eine bestimmte geschichtlich bedingte Teilwahrheit das unwandelbar Ganze darstellt. Daraus entsteht eine Art *Unfehlbarkeits-Ideologie,* die gewisse Fragen aufgreift und andere zum Schweigen bringt, weil nicht sein kann, was nicht sein darf. Das Gesamte der Wirklichkeit wird auf einen besonders bevorzugten oder beabsichtigten Gesichtspunkt reduziert. Es wird der Eindruck vermittelt, daß bestimmte Dinge nur so und nicht anders gesehen und beurteilt werden können.

Vom Ganzen her scheint alles geklärt und erreicht zu sein. Alles ist »im Griff«, so daß es auch keiner neuen Entwürfe bedarf – ganz abgesehen davon, daß jede Kraft dafür fehlt. Dafür ist um so mehr Kraft und Initiative erforderlich, klare Feindbilder vor sich zu haben und zu bekämpfen. Weil jedes Übel nur durch vorhandene Feinde »der Wahrheit« erklärt werden kann, müssen diese als Ursache aller Übel beseitigt werden. In früheren Zeiten nannte man das *Scheiterhaufen-Ideologie;* später ging man zu feineren und nuancierteren Mitteln über, um »Feinden des Glaubens« den Kampf anzusagen.

Uns ist klar geworden, daß es sich in Wirklichkeit dabei nicht um die Verteidigung und Weitergabe des Glaubens handelt, sondern um die in den irrationalen Tiefen des Menschen verankerten Interessen und Mechanismen der Angst, der utopischen Sehnsucht nach einer Sicherheit, die es in dieser Welt nicht gibt. Ihre Irrationalität und Unbegreiflichkeit konnte argumentativ gewöhnlich nicht entlarvt und überwunden werden, sondern nur durch Kräfte des Faktischen. Und das Faktische hat eigentlich hinreichend gezeigt, worauf Helmut und andere mit ihm immer wieder hingewiesen haben.

Solche Hinweise wurden für uns alle gut insofern, als wir ja aus der Geschichte lernen wollten, um Unnötiges nicht wiederholen zu müssen. Gott-sei-Dank gab es auch die andere Tradition mit ihrem *inklusiven Denken,* der das exklusiv-ideologische fremd ist. Bei näherem Zusehen mußten wir zugeben, daß gerade der Umgang mit der Bibel uns dazu verholfen hatte, »inklusiv«, d. h. einschließlich zu denken. Es hat uns auch geholfen, Zugang zu Menschen und Gruppen unserer Umgebung zu finden, von denen wir uns früher ziemlich kategorisch distanziert hatten.

Zum Beispiel heißt es im *Schöpfungsbericht* des Alten Testamentes, daß Gott in sieben Tagen die Welt aus dem Nichts ins Dasein rief (vgl. Gen 1 u. 2). Früher hatten wir das alles historisch-wörtlich verstanden. Sieben Tage bedeutete sieben Tage und nichts anderes. Wer gegenüber »Fundamentalisten« die Vermutung geäußert hätte, daß damit auch sieben Epochen oder Zeitalter oder überhaupt lange Zeitabschnitte gemeint sein könnten, wäre bereits auf hartnäckigen Widerspruch gestoßen. Denn »ausschließlich« denkend, wird von ihnen kategorisch abgewiesen bzw. verdrängt, daß es auch anders gewesen sein könnte. Naturwissenschaftler wie beispielsweise Galilei oder Darwin würden bei ihnen bis heute keinerlei Chancen auf Duldung oder Akzeptanz finden. Sie müßten auch heute noch die Ergebnisse ihres Forschens widerrufen, weil sie angeblich im Widerspruch zum Glauben stehen.

Dagegen läßt einschließliches Denken die Fähigkeit wachsen, daß von einem anderen Standpunkt aus eine Interpretation anderer Art möglich ist. Dann kann der Schöpfungsbericht auch sinntragend und bildhaft verstanden werden, so als wollte der Verfasser betonen: Nichts ist geworden ohne das Zutun und den Willen Gottes. Es gibt nichts in der Schöpfung, welches nicht seinen Ursprung und sein Dasein Gott verdankt. Und Gott ist auch immer derjenige, der alles zeitlich und geschichtlich Gewordene in seiner Hand hält. Ohne sein dauerndes Schöpferwirken würde alles in die Leere, in das Nichts, in das Dunkel der Sinnlosigkeit zurückfallen. Deshalb hat jedes Ereignis in der Welt und im Leben des Menschen einen Hinweischarakter auf den, der schafft, erhält und zur Vollendung führt. Wie viele Tage oder Epochen es dazu braucht, ob Schöpfung und Vollendung der Welt auch im Laufe einer langen Evolution geschehen könnten – diese Fragen werden dabei nicht unwichtig, aber zweitrangig.

Ähnlich haben wir auch angefangen, die *Wunder Jesu* zu sehen und zu verstehen. Letztlich liefen diese doch alle darauf hinaus, deutlich zu machen, daß es Geschehnisse im Leben des Menschen gibt, die nicht bloß aus menschlicher Mitte heraus wachsen, sondern insbesondere Ereignisse von oben sind.

Jesus hat also bei seinen Wundertaten keineswegs die Absicht gehabt, die Menschen zu Aufsehen erregender Wundersucht zu veranlassen, sie so sehr mit sensationellen Ereignissen zu konfrontieren, daß sie aufgrund dessen gar nicht mehr anders können, als an Gott zu glauben und sich zu bekehren (vgl. Mt 12,38 ff).

Was die Bibel »Wunder« nennt, soll wohl in erster Linie deutlich machen, daß Gott sich bei all seinem Tun der Menschen und der »normalen« Geschehnisse bedient, um »wunderbar« zu seinem Ziel zu kommen. Gott greift zum Erreichen seiner Pläne immer auf die Dinge zurück, die er selbst geschaffen hat. Umgekehrt hat alles Geschaffene eine ihm zukommende Bedeutung, um die Pläne Gottes auf je eigene Weise mitzuvollziehen. Beim Menschen sind es naturgemäß die Gaben seiner Intelligenz, seiner Freiheit und Verantwortung.

Wenn Gott also handelnd in der Geschichte des Menschen und der Menschheit wirksam ist, dann bedeutet das nicht die Ausschaltung menschlicher Gaben und Fähigkeiten. Im Gegenteil: Alles, was Menschen tun, ist von Wichtigkeit. Dabei besteht deren größte »Leistung« wohl darin, einzusehen und zu begreifen, daß es noch Wichtigeres gibt. Denn so vieles Wichtige aus dem Willen des Menschen geschaffen und gestaltet wird, so ist es doch darüber hinaus noch viel mehr insofern, als Gott der übergreifende Schöpfer von allem ist. Er allein vermag letztlich alle Einzelheiten des Weltgeschehens zu »beurteilen« und in ein Gesamtgeschehen »einzuordnen«, so daß der Weg der Menschheit heil und heilsam werden kann.

Wie gesagt: Dieses inklusive Denken, welches jede Aussage oder Lebenseinstellung immer nur »mehr oder weniger« wahr und richtig sein läßt, weil sich alles im Fluß, in einem Prozeß zu mehr Klarheit und Wahrheit befindet, hat es uns ermöglicht, Leute wie Helmut und andere kritisch Engagierte bzw. Andersdenkende zu respektieren bzw. zu »verkraften«.

Zwischen manchen *Hauskirchen* der Stadt und nur *»weltlich«* interessierten Gruppen sind uns von daher *»Wunder«* gelungen, weil wir einfach angefangen haben, bei den vorhandenen verschiedenen Motiven und weltanschaulichen Voraussetzungen dennoch *gemeinsame Aufgaben* in Angriff zu nehmen. Statt »Sensationelles« zu beabsichtigen oder gegeneinander konkurrierende Institutionen und deren Erhalter zu rechtfertigen, haben wir uns auf gemeinsame Nöte oder auf Bedürfnisse von Menschen konzentriert, um ihnen abzuhelfen. Wenn andere sich dabei auch meistens nur »humanistisch« oder »horizontal« engagieren, so haben wir doch keinen Hehl daraus gemacht, daß wir mit jedem innerweltlichen Tun eine größere Hoffnung verbinden. Hatte doch auch Jesus mit seinen Wundertaten immer den Alltag des Volkes im Auge, das Elend von Ausgestoßenen und Geplünderten dieser Welt, um ihnen über das Unmittelbare hinaus deutlich zu machen, daß alles nur vorläufig ist, bis es im Reich Gottes seine Vollendung findet. Alles Leben ist nur ein Gleichnis...

Unsere Hauskirche oder einzelne Vertreter von uns treffen sich beispielsweise regelmäßig mit Jugendlichen, Männern und Frauen, die einer evangelischen, altkatholischen, methodistischen oder gar keiner religiösen Gemeinschaft angehören, um in der Stadt auf *Probleme des Umweltschutzes* aufmerksam zu machen. Sie schlagen jedes Mal Alarm, wenn irgendwo »der Dreck zum Himmel stinkt«. Dann finden sie auch Aufmerksamkeit bei den Medien und bei den Vertretern von Parteien und Behörden, die um ihr Prestige bangen. Und wiederholt ist dabei die Öffentlichkeit aufmerksam gemacht worden auf die Notwendigkeit eines einfacheren Lebensstils.

Dabei sind bei vielen immer mehr das Bewußtsein wie auch die Erfahrung gewachsen, daß ein Weniger an Konsum durchaus auch Reichtum bedeuten kann. Denn aus dem Weniger an privatem Luxus ist ein Vielfaches an Gemeinschaft, Zusammengehörigkeit und Solidarität gewachsen. Vor allem waren gemeinsame Aktionen auch stets geeignet, Studenten, Kaufleute und Touristen aus der Dritten Welt dazu einzuladen und ihnen deutlich zu machen, daß es uns endlich um mehr Gerechtigkeit in der Welt geht – Voraussetzung zum Frieden, den wir gemeinsam erkämpfen müssen.

Manche »gemischte Gruppen«, deren Initiatoren nicht immer wir waren, haben bei bestimmten Anlässen ein *»Saftfasten«* veranstaltet, bei dem die Teilnehmer eine Woche lang nur Tee, Obst- und Gemüsesäfte zu sich nehmen. Weil es allein sehr schwer durchzuhalten ist, treffen sie sich regelmäßig zum gemeinsamen »Brühelöffeln«, mit anschließendem Bibel-Lesen und Bildbetrachtungen, die die Solidarität mit den Hungernden in der Welt bekunden.

Eine Vielzahl von Gruppen auch in anderen Städten praktizieren schon seit Jahren den *»Hungermarsch«* mit verschiedenen Stationen, an denen mit Hilfe verschiedener Texte, Gebete und Gesänge der Ungerechtigkeit und des Elends in der Welt gedacht wird. Der Erlös für die zurückgelegten Kilometer, den man sich von »Sympathisanten« zahlen läßt, wird irgendeinem Projekt zugunsten der Armen beigesteuert.

Ähnlich ist der *»Sternmarsch«,* der – an einem freien Tag oder auch in der Nacht oder im Zusammenhang mit einer

Früh- oder Spätschicht – von verschiedenen Gruppen von verschiedenen Stellen aus durchgeführt wird und sie in einer gemeinsamen Mitte zusammenfinden läßt, wo die Teilnehmer über den Sinn des Getanen reflektieren bzw. »feiern«, was ihnen selbst ein Stück Leichtigkeit, Freude und Freiheit geschenkt hat. Das »Los« von der Unkultur des Haben-Wollens und immer mehr Haben-Wollens hat unter ihnen die gegenseitige Stärkung in Gemeinschaft bekräftigt, ebenso die Solidarität mit Armen und Unterprivilegierten: die Öffnung und Zusammenarbeit in gemeinsamen Anliegen mit Menschen anderer Weltanschauung und Überzeugung, mit Andersgläubigen und sogar »Atheisten«.

Der gemeinsame Verzicht ist aber auch, wie schon gesagt, *»politisch«* wirksam geworden in dem Sinne, daß ein moralischer Druck auf die öffentliche Meinung ausgeübt wurde, um den Ernst einer Situation zu unterstreichen und eine Bewußtseinsveränderung bei möglichst Vielen, insbesondere den Verantwortlichen, zu erreichen. In solchen Fällen war es auch sinnvoll, durch Demonstrationen, Unterschriftenaktionen und Mahnwachen Schlafende zu wecken und Regierungsleute, Kirchenvertreter und Gewerkschafter auf ihre Verantwortung aufmerksam zu machen.

Verzicht in Gemeinschaft hat also schon weite Kreise gezogen. Er hat Gleichgesinnte zusammengeführt und in einer Welt der Ungerechtigkeiten und vielfältigen Nöte eine neuen Umgang mit den eigenen Konsumgütern ermöglicht. Er hat vermehrt folgende Ziele ins allgemeine Bewußtsein gerückt:
– die Ursachen der Verarmung in großen Teilen der Welt aufdecken: die ungerechte Verteilung des Wohlstandes, die ungerechte Weltwirtschaft, die Verschuldungsproblematik, die ungerechten Herrschaftsverhältnisse in den armen Ländern, Rassismus, Hunger, Krankheiten ...;
– Mitverantwortung deutlich machen;
– den Hunger der Armen nach Gerechtigkeit und ihre Ansätze zur Selbsthilfe darstellen;

– Vorschläge vorstellen, wie wir die Armen in ihrem Kampf um Befreiung unterstützen können ...;
– über die Beteiligung und Mitschuld vieler an der weltweiten Ungerechtigkeit nachdenken;
– überlegen, was wir zur Überwindung dieser Ungerechtigkeit beitragen können; Phantasie und Kreativität dafür entwickeln;
– im Verzicht lernen, sich den Armen in der Dritten Welt zuzuwenden und dabei lebensmäßig nachvollziehen, was eigene Läuterung und Umkehr zu Jesus Christus bedeutet, der sich mit den Armen und Zurückgebliebenen identifiziert hat.

Nun habe ich die Initiativen von Christen mit Menschen verschiedenster Weltanschauung im Blick auf Armut, Ungerechtigkeit und Elend in der Welt ausführlich geschildert. Noch *andere Initiativen* sollen wenigstens erwähnt werden. Eine unserer »Hauskirchen« hat sich zum Beispiel der Problematik von ethnischen und religiösen Minderheiten in unserer Stadt angenommen. Eine andere kümmert sich um die Eingliederung von Benachteiligten, von Behinderten und Nichtbehinderten, in das Arbeits- und Freizeitleben. Freilich gibt es für solche Bedürftigen schon eine Menge Organisationen und Büros. Aber diese brauchen, weil sie allzu leicht »bürokratisch« werden, die kritische Begleitung durch Initiativ- und Solidaritätsgruppen.

Wichtig ist auch die Sensibilisierung der Öffentlichkeit für *mißhandelte* und *mißbrauchte Kinder*. Denn es hat sich gezeigt, daß es viele solcher Kinder in unserer Stadt gibt. Sie kommen aus sehr problematischen Ehen oder asozialen Verhältnissen. Früher haben sich die nächsten Nachbarn nicht um deren Schreie und Hilferufe gekümmert. Heute stimmen Christen wie Nichtchristen darin überein, daß Einigkeit notwendig ist, wo es um Menschennöte geht und eine neue Lebensqualität. Was bei anderen manchmal wie ein »reiner Humanismus« erscheint, versuchen wir immer in größere Zusammenhänge zu stellen. Das »Schon-Jetzt« und »Noch-Nicht« des Reiches Gottes sind die wichtigsten Denkkategorien für uns geworden.

Manchmal wird unseren Klein- und Hauskirchen *»Aktionismus«* vorgeworfen. Und in der Tat: Wir müssen aufpassen, daß unsere »Politik« im spezifisch Christlichen verankert bleibt. Wir müssen deshalb immer wieder »unter uns« sein, um uns als Tischgemeinschaft neu zu verstehen und als eine feiernde Gemeinde, die das Brot des Lebens miteinander bricht. Andererseits haben weniger religiös bzw. weniger »mystisch« geprägte Leute wie Helmut uns immer wieder dazu verholfen, ein *Christentum der »offenen Augen«* zu praktizieren.

Vielleicht ist gerade durch unsere Hauskirchen eine Entwicklung in Gang gekommen, die herkömmlich konfessionelle und weltanschauliche Grenzen sprengt. Da geht es nicht mehr so sehr um theologische Begriffe und Definitionen für die Köpfe von geistigen Feinschmeckern, sondern um *das Sehen* von Menschen und Lebenssituationen. Der *sehend gewordene Glaube* hat uns mit vielen Menschen guten Willens zusammengebracht. Aus den ehemaligen Kirchen und Konfessionen ist eher wieder eine *Jesus-Bewegung* entstanden, die sich auf die Suche nach den Spuren Gottes in der Geschichte macht. Im Gesichtskreis der leidenden und bedürftigen Menschheit beginnt für uns die Sichtbarkeit Gottes unter uns. Der Gott des Alten und des Neuen Testaments, der heilend und erlösend beim menschlichen Mittun Segen stiftet, hat uns auch erfahren lassen, daß dazu eine Ethik erforderlich ist, die weit über Religionen, Konfessionen und Weltanschauungen verschiedenster Art hinausgeht. Es ist eine Ethik des Helfens und des Friedens, die alle Menschen seiner Gnade und seiner Huld, alle Menschen guten Willens zum gemeinsamen Auftrag ermutigt.

Reich Gottes »heute« werden lassen

Eines Tages hat uns die Nachricht bzw. die Information erschreckt, die Kirche habe fast 2000 Jahre lang nur von der Kirche geredet und nahezu nie vom »Reich Gottes«. Bei Jesus sei es genau umgekehrt gewesen. Er habe immer nur das Reich Gottes verkündet und nie die Kirche. So jedenfalls hatte es in einer Fortbildungsveranstaltung geheißen, an der einige von uns teilgenommen hatten. Diese Feststellung hatte uns deshalb erschreckt, weil offensichtlich eine verhängnisvolle Akzentverschiebung bei der Verkündigung des Glaubens stattgefunden hatte und damit auch eine schlimme Verschiebung der Anliegen des Evangeliums. Welches konnten die Gründe dafür sein?

Immer nur von der Kirche reden, könnte den Sinn und Zweck gehabt haben, bei allem stets *kirchliche Interessen* im Auge zu behalten. Die Kirche, ihre Selbsterhaltung und Selbstbehauptung, ihr Einfluß, ihre Ämter und Kompetenzen... könnten zu Hauptanliegen geworden sein. Wenig vom Reich Gottes sprechen war, bewußt oder unbewußt, offensichtlich von schweren theologischen Verdrängungen begleitet gewesen, die das Eigentliche der Botschaft Jesu mißachteten und den Kirchenmitgliedern sogar »amtlich« ein Alibi dafür lieferten, daß sie sich selbst nicht mehr zu bekehren brauchten.

Solche Abkehr vom Wesentlichen, so hieß es bei der Fortbildung, war auch die Ursache dafür gewesen, daß die Kirche im Laufe der Jahrhunderte immer lebloser, rechthaberischer, neurotischer geworden war – wenigstens in einigen Ländern und Kontinenten. Übrigens hatte schon Salvian von Marseille (um 450 n. Chr.) dieses Phänomen der kirchenamtlichen Verdrängungen beobachtet und mit folgenden Worten beklagt: »Die Kirche ist zwar reich geworden an Mitgliedern, aber arm an Glauben und Frömmigkeit, verkümmert im Geiste.«

Der kritische Beobachter, der im 5. Jahrhundert solches geschrieben hatte, forderte damals schon die »zweite Bekehrung der Christen« – Bekehrung vielleicht weniger zur Kirche als vielmehr zum Reich Gottes, so wie Jesus es verkündet hatte. Warum war die Bekehrung zum »Reich Gottes« so schwer? Im Anschluß an Lk 12, 32–48 haben wir uns diese Frage gestellt und Antwort darauf gesucht.

Offensichtlich hatte die Verkündigung vom Reich Gottes viel mit dem Tag der *Wiederkunft des Herrn* zu tun. Im Evangelium wird nicht gesagt, wann er kommt und wo er kommt, unter welchen Umständen er erscheint oder an welchen Zeichen sein Wiederkommen zu erkennen ist. Den Tag und die Stunde vorauszuwissen, wäre also anmaßend. Dieses Wissen maßten sich allerdings bisweilen die Sekten an. Wir mußten uns mit der Tatsache und Feststellung begnügen, daß Christus wiederkommt, und zwar plötzlich und unerwartet wie ein Dieb in der Nacht. Diese Aussage konnte sich auf jeden einzelnen Menschen beziehen, insofern niemand weiß, wann er aus dieser Welt abberufen wird: im hohen Alter, im blühenden Leben, in der Kindheit... Sie könnte aber auch auf die ganze Menschheit Bezug nehmen. Denn er wird einst wiederkommen, die Welt zu richten.

Damit war aber auch schon eine zweite Aussage über das Reich Gottes geliefert. Das Reich Gottes ist der *Tag der Abrechnung*, an dem der Herr seinen Knechten und Mägden ein paar wichtige Fragen stellen wird: Was hast du aus deinem Leben gemacht? Was hättest du aus deinem Leben machen können und hast es nicht getan? Was ist dir gelungen, was mißlungen?

Wir würden kaum danach gefragt, welche Bücher wir lesen, welche Examen wir bestanden oder welche Diplome wir hinter uns gebracht haben. Das Leben selbst ist wie die Vorbereitung auf ein letztes Examen, das wir entweder nur bestehen können oder bei dem es nur ein Durchfallen gibt. Und die »Wachsamkeit«, von der im Evangelium gesprochen wird, konnte nur darin bestehen, daß wir uns ein ganzes Leben lang auf dieses letzte Examen einzurichten und vorzubereiten haben – wie Lehrlinge, Schüler und Studenten, die die paar Jahre ihrer Ausbildung oder ihres Studiums nahezu ausschließlich dazu nutzen, ihre Lehre, ihre Schul- oder Universitätszeit erfolgreich abzuschließen.

Wer so sein Leben auf die Wiederkunft Christi hin ausrichtet, wird als ein »treuer und kluger Verwalter« dessen beschrieben, was Gott an Gaben und Grenzen jedem auf den Lebensweg mitgegeben hat und was dazu angetan ist, »Früchte« des Lebens, des Lichtes, des Friedens und der Versöhnung zu tragen; aber möglicherweise auch das Gegenteil von all dem.

Darin schien auch das *»Drängende«* bei der Verkündigung des Reiches Gottes zu liegen. Jesus hatte die wachsende Zahl seiner Jünger in die Städte und Ortschaften ausgesandt mit dem Hinweis: »Das Reich Gottes ist euch nahe« (vgl. Lk 10, 1–12. 17–20). Wie nahe war es eigentlich? Damals, vor fast 2000 Jahren, schien es in unmittelbare Nähe gerückt. Denn wozu war der Messias sonst gekommen, als die Stämme Israels zu einen und das Reich Gottes zu proklamieren und in der Welt zu etablieren? Es gab so etwas wie eine »Naherwartung«. Alle rechneten damit, zu ihren Lebzeiten werde das Angekündigte noch Realität.

Einige Generationen danach schien in weite Ferne gerückt, was damals so nah war. Man gewöhnte sich daran, daß die Wiederkunft Christi noch lange dauern würde. Schließlich konnte man die Wiederkunft Christi nicht herbeizwingen, sein Kommen nicht beschleunigen. Wie der Aufgang der Sonne am Morgen und ihr Untergang am Abend nicht zu beeinflussen waren; wie Wind und Regen in ihrem Kommen und Gehen nur zu beobachten und festzustellen sind, ohne daran etwas Entscheidendes ändern zu können, so war es wohl auch mit dem Reich Gottes: Es würde kommen. Doch niemand konnte den Tag und die Stunde sagen (vgl. Mt 24, 42). Vielleicht konzentrierten sich die Christen der späteren Jahrhunderte deshalb auf die Kirche, auf ihr Wesen, ihre Selbstbehauptung und ihre Ausbreitung; denn das Drängende von damals schien keine Bedeutung mehr zu haben.

Für uns wurde auf einmal wieder *dringend* und *unaufschiebbar,* was frühere Generationen in weite Ferne zu rükken versuchten. Denn wenn es dabei um die »Früchte« des Lebens ging, konnte man das Reich Gottes nicht vertagen, wie auch sonst viele Dinge im Leben keinen Aufschub dulden. Wenn zum Beispiel die Ernte reif ist, kann der Bauer nicht sagen, daß er mit dem Einholen der Früchte des Feldes und der Bäume noch ein paar Wochen warten will. Tut er es, verdirbt alles. Auch kann kein Schüler sagen, er wolle nach drei Jahren Schulausbildung erst einmal für ein paar Jahre Urlaub machen und faulenzen. Tut er das, versäumt er Jahre seiner persönlichen, geistigen und seelischen Entwicklung. Auch kann man einem kleinen Kind das Stammeln und Erproben der ersten Worte nicht verbieten, um es Monate später erst zuzulassen. Tut man es, würde dem Kind, vielleicht für das ganze spätere Leben, die Sprache verschlagen und gestört. Niemand, der morgen seinen 30. Geburtstag feiert, kann noch nicht 30 Jahre werden wollen, um ein paar Jahre später seinen »Runden« zu begehen ...

Denn alles hat seine Zeit, alles seine Stunde. Das meiste läßt sich nicht auf später verschieben. Es bleibt nichts anderes übrig, als es so zu nehmen, wie es kommt. Sonst würde das Leben aus lauter Versäumnissen bestehen. Was nicht im rechten Augenblick geschieht, läßt sich nicht nachholen ...

So würde es wohl auch mit dem Reich Gottes sein. Wenn es in seiner Fülle und endgültigen Entfaltung auch erst angekündigt wird für eine Zeit, die der Vater im Himmel allein kennt, so ist es dennoch ins Hier und Heute des persönlichen Lebens immer schon »hineinzuholen«, zu verwirklichen. Das *Reich Gottes* soll nach Gottes Willen in unserer eigenen Lebenswelt immer *heute schon* Wirklichkeit werden. Deshalb kann man nicht 10 oder 20 Jahre warten, um das Menschsein und das Christsein zu praktizieren. Täte man es, würde man wichtige Augenblicke der religiösen Entwicklung, des Wachsens und Reifens bis zum Tag der Ernte, versäumen. Das Leben würde faul wie die Früchte des Feldes. Und das persönliche Leben – einmal in eine Sackgasse geraten und einmal verbaut – könnte nur noch schwer in jene Richtung gebracht werden, die dem Kommen des Reiches Gottes dient.

Wenn wir so auf unsere persönliche Lebens- und Berufungsgeschichte schauten, ging es uns wie allen Lebewesen in der Natur. Da gibt es »eine Zeit für die Geburt und eine Zeit für das Sterben, eine Zeit zu pflanzen und eine Zeit, das Gepflanzte auszureißen, eine Zeit weh zu tun und eine Zeit zu heilen, eine Zeit einzureißen und eine Zeit aufzubauen, eine Zeit zu weinen und eine Zeit zu lachen, eine Zeit zu klagen und eine Zeit zu tanzen, eine Zeit, Steine wegzuwerfen, und eine Zeit, Steine zu sammeln, eine Zeit zu umarmen und eine Zeit, sich der Umarmung zu enthalten, eine Zeit zu suchen und eine Zeit zu verlieren, eine Zeit aufzubewahren und eine Zeit fortzuwerfen, eine Zeit zu reden und eine Zeit zu schweigen, eine Zeit zu lieben und eine Zeit zu hassen, eine Zeit der Gesundheit und eine Zeit der Krankheit, eine Zeit des Vertrauens ...« (nach Kohelet, Kap. 3).

Wo es um das Reich Gottes geht, darf wohl keine dieser Zeiten versäumt, verdrängt, hinausgeschoben werden. Denn das Reich Gottes ist ja einem Senfkorn gleich, welches in die Erde gesenkt wird, um zu wachsen und zu reifen ... (vgl. Mt 13,31).

Im Laufe unserer Gespräche über diese Thematik verstanden wir auch, warum *gläubige Menschen* so *ungläubig* und *Ungläubige* so *gläubig* zu sein vermögen; warum es auch so viel Unglaube in der Kirche gab und gibt, warum wir selbst immer wieder vom Unglauben bedroht sind...

Auf die Frage, was ein »gläubiger Mensch« sei, hatten wir früher immer eine einfache Antwort gewußt: Wer an Gott glaubt, wer betet, wer regelmäßig den Gottesdienst besucht...

Nun, das taten der *Levit* und der *Priester,* von denen Lukas berichtet (10,25–37), auch. Sie galten in der Öffentlichkeit als besonders religiös, gottesfürchtig und fromm und waren auch wegen ihrer guten Werke besonders geachtet. Dennoch mußten sie sich von Jesus, der das *Gleichnis vom barmherzigen Samariter* erzählt, sagen lassen, daß sie nicht besonders gläubig sind, weil sie an dem unter die Räuber Gefallenen achtlos vorbeigegangen waren, weil sie die Liebe nicht praktiziert hatten in einem Augenblick, in dem es gerade erforderlich gewesen wäre.

Jesus hatte offensichtlich ein anderes Verständnis von *Glaube* als die, die sich damals für besonders gläubig hielten. Auf jeden Fall spricht Jesus im Zusammenhang mit diesem Gleichnis von einem zentralen Merkmal, das den Glauben auszeichnet und das »Gläubige« anscheinend oft nicht besitzen. Auf die Frage, was ein jeder tun muß, um das ewige Leben bzw. das Reich Gottes zu erlangen, lautet die Antwort: Liebe Gott, deinen Nächsten wie dich selbst, und tu, was die Gebote von dir verlangen.

Wenn das *Glauben* auch mit dem *Tun* etwas zu tun hat, wenn sich Glaube im Tun geradezu vollendet, kann man die Versuchung verstehen, der gerade »besonders« Gläubige leicht zu erliegen scheinen. Sie beschränken sich allzuoft darauf, über Glaubensfragen zu diskutieren, schöne Bücher darüber zu lesen, theologisch informiert zu sein und sich Predigten anzuhören. Dagegen will der *biblische Glaube* eine Kluft überbrücken, die in dem Glaubenden klafft zwischen Denken und Tun; zwischen dem Erkennen dessen, was richtig ist, und dem Tun dessen, was er als richtig erkannt hat. Wo Glaube diese Kluft nicht überbrückt, ist er eigentlich kein Glaube mehr. Wo der sogenannte Gläubige nicht zu konkreten Taten der Liebe fähig ist, da kommt sein Glaube gar nicht erst zustande, wenn er sich auch noch so sehr als gläubig bezeichnet, wie auch bei einem Menschen das Gehen nicht zustande kommt, wenn er seine Beine nicht zum Laufen benutzt. So war es bei dem Leviten und dem Priester. Bei all ihrer Frömmigkeit gingen sie an dem unter die Räuber Gefallenen achtlos vorüber. Von ihrem Glaubensverständnis her war es nicht ihre Aufgabe, ihm zu helfen. Ihm beizustehen war nicht »ihr Problem«.

Gerade am *Gleichnis vom barmherzigen Samariter* macht Jesus deutlich, was »Glaube« ist. Für ihn besteht der Glaube an das Reich Gottes in der Fähigkeit des Menschen, die konkreten Ereignisse in seinem alltäglichen Leben als Anruf Gottes zu entdecken und darauf zu antworten. Dahinter steckt die Vorstellung, daß Gott nicht nur in der Schrift und durch die Gebote zu uns spricht, sondern durch Lebenssituationen, durch »Zeichen der Zeit«, die manchmal sehr unvorhergesehen auf jeden Menschen zukommen. Konkrete Lebenslagen sind die »Worte Gottes« an uns, die wir glaubend zu beantworten haben. Gläubig wird man eigentlich nur dadurch, daß man so die Sprache Gottes mitten im Leben verstehen und Antworten darauf finden lernt.

Das Problem des Leviten und des Priesters bestand darin, daß sie Gott als einen Gott des Buchstabens, der Gebote und Gebete, der heiligen Orte und heiligen Zeiten mißverstanden, ihn aber nicht als einen Gott der konkreten Lebensgeschichte erkannten, der »auf dem Wege« mit uns ist und in Wegzeichen zu uns spricht. Deshalb konnten sie ihre Religiosität auch nicht mit dem unter die Räuber Gefallenen in Zusammenhang bringen. Sie sahen ihn zwar, erkannten die unvorhergesehene Situation aber nicht als Anruf der Liebe

Gottes, die ihrerseits die Liebe verlangte. So verpaßten sie nicht nur das Werk der Liebe, sondern erwiesen sich letztlich als ungläubig gegenüber dem Gott, der »Reich Gottes« in der Zeit und Geschichte bereits aktualisiert sehen will.

So ist für uns die Frage wichtig geworden, *was Jesus unter Glaube versteht:* praktizierte Liebe auch in unvorhergesehenen Lebenssituationen. Von daher sind wir vorsichtiger geworden mit dem Anspruch, uns »gläubig« zu nennen, oder bestimmte Leute in bestimmten Ämtern als besonders »gläubig« anzusehen. Glaube ist für uns kein fester Besitzstand mehr, er muß sich immer von Neuem in konkreten Lebenslagen als Glaube erweisen. In Taten der Liebe kommt Glaube immer erst zustande, muß er immer wieder neu konstituiert werden. Glaube wird erst glaubwürdig durch die Liebe...

So haben wir gelernt, uns als Gruppe bzw. als Gemeinschaft von Gläubigen immer auf die *Wegzeichen* aufmerksam zu machen, die wir wie eine Herausforderung zur Bewährung interpretieren müssen. Denn indem wir uns den Herausforderungen des Lebens stellen, können wir uns am nachhaltigsten gegenseitig im Glauben stärken, auf eine gemeinsame Hoffnung hin ausrichten und die Praxis der Liebe als jene geforderte »Wachsamkeit« ansehen, die auf den Tag der Wiederkunft des Menschensohnes vorbereitet. Wir dienen keinem Selbstzweck; wir haben dem Hier und Heute des Reiches Gottes zu dienen.

Ohne es zunächst bei uns selbst zu merken, fand aufgrund dieser Erkenntnisse allmählich eine *Umwertung aller Werte* statt. Früher waren Definitionen von größter Bedeutung gewesen. Gekleidet in Dogmen und Morallehren, in Gedankensysteme und Ordnungsgefüge, waren sie Prüfsteine der Rechtgläubigkeit gewesen und markante Kriterien der Abgrenzung gegenüber denen, die andere Lehren vertraten. Wir hatten den größten Fehler begangen, der seit Menschengedenken immer wiederholt worden war: Er lag in dem Versuch, ein für allemal eine Erklärung für Gottes Wege zu finden, statt sich darauf zu beschränken, Gottes Wege in ihrer Vielfalt zu gehen und im Gehen zu verkünden.

Wenn wir nun auf die vielen menschlichen Lebenssituationen schauen, die auch die unseren sind, verliert das alles an Bedeutung. Wo es um die Not und Einsamkeit des einzelnen geht, um das Gelingen oder Mißlingen des Lebens unserer Kinder und Jugendlichen, um die Tränen einer Nachbarin, die monatelang am Bett des kranken Kindes Nachtwache hält, um unsere eigenen Konflikte und Meinungsverschiedenheiten, um unser Versagen und unsere Verweigerung, uns »religiös« den Banalitäten des Lebens zu stellen und den Schrei von mißhandelten Kindern und hungernden Völkern zu hören, werden plötzlich alle diejenigen unwichtig, die sich »Hüter der Wahrheit« nennen und die – fernab von der Welt – vielleicht noch nie eine Träne getrocknet haben und noch nie ein Stück Brot mit anderen zu teilen sich veranlaßt sahen. Seit Jahrhunderten hatten sie jede schlichte Rede in ein unverständliches philosophisches Gestammel verwandelt und aus der Familie der Christen eine pompöse Bürokratie gemacht. Aus unbegreiflichen Gründen hatten sie Hierarchien geschaffen wie die Bienenvölker und ethische Grundsätze aufgehäuft wie Ameisenhaufen.

Bei den vielen Göttern, die überall notwendig geworden waren, um auf alles das Siegel der Genehmigung zu drücken, war in Vergessenheit geraten, daß Christus ein Wanderprediger war, der in Höhlen schlief, und Petrus ein Fischer aus Galiläa, daß Johannes der Täufer in einer Kerkerzelle ermordet wurde und daß die Apostel verheiratete und berufstätige Leute waren, die hautnah wußten, wovon sie sprachen, wenn es um Ehe und Familie, um Arbeit und Lohn, um Gehorsam und Generationskonflikte, um Rache und Versöhnung ging. Aus allen diesen Gründen war das damalige und das eschatologische Kommen Jesu ein heilsames und rettendes Ereignis, ein Zeichen des Friedens und des

Widerspruchs, das alles erträglich machte, wenn auch sein Wirken in einem tragischen und schnellen Fiasko geendet hatte.

Was die anbrechende Gottesherrschaft für konkrete Menschen bedeutete, das hatte z. B. *die Ehebrecherin* existentiell erfahren (Joh 8,1–11). Über sie heißt es im Evangelium: Sie wurde auf frischer Tat ertappt. Sie war wirklich des Todes schuldig. Es gab damals ein Gesetz in Israel, das besagte: Eine Ehebrecherin, die auf frischer Tat ertappt wird, muß gesteinigt werden. Und Zeugen gab es auch. Sie konnten nachweisen, daß die Frau Ehebruch begangen hatte.

Bezeichnend ist auch, wer die Zeugen gewesen sind. Da heißt es: die Schriftgelehrten und die Pharisäer! Die Schriftgelehrten und Pharisäer gehörten in der damaligen Zeit zu den frommsten Leuten. Seltsamerweise hat sich Jesus mit diesen frommen Leuten nicht besonders gut vertragen, weil sie offensichtlich ihre Frömmigkeit in Einklang zu bringen verstanden mit Schnüffeleien und Denunziationen. Sie schnüffelten herum, sie spionierten die Leute aus, sie drangen – könnte man fast sagen – in ihre Schlafzimmer, um dann zu sagen: Wir haben die Frau auf frischer Tat ertappt!

Jesus hat mit diesen Leuten nicht viel anfangen können. Wahrscheinlich hat er sich die Frage gestellt, was Frömmigkeit mit Schnüffelei, mit »Spionage« zu tun haben könnte, wie Frömmigkeit und Gottesliebe mit Menschen-Anklage in Einklang gebracht werden kann. Nun, auf jeden Fall waren es die Schriftgelehrten und Pharisäer, die die Ehebrecherin auf frischer Tat ertappt hatten. Und nach dem Gesetz mußte sie gesteinigt werden. Angesichts dieser »eindeutigen« Sachlage richten sie die Frage an Jesus: Was sagst du nun dazu?

Es heißt ausdrücklich, daß sie ihn auf die Probe stellen wollten. Jesus ist ihnen die Antwort nicht schuldig geblieben. Er machte Zeichen auf den Boden, schrieb ganz bestimmte Worte in den Sand. Offensichtlich haben den Fragestellern die Worte, die er gewählt hat, nicht besonders gut gefallen. Denn es heißt, daß sie sich langsam zurückzogen. Keiner wollte mehr Ankläger sein.

Wir haben die Antwort Jesu wie folgt verstanden: Diese Frau gehörte wirklich gesteinigt! Die Frage war nur: Wer steinigt? Wer hat das Recht zu steinigen? Aus dem ganzen Kontext des Evangeliums geht hervor, daß Jesus sagen wollte: Steinigen kann eigentlich nur der, der ohne Sünde ist. Nun gibt es aber keinen von euch, der ohne Sünde ist. Also gibt es keinen, der das Recht hat zu steinigen!

Jesus wendet den Blick von der Sünderin ab auf die *Situation der Menschen,* die da um ihn herumstehen, einschließlich der der frommen Pharisäer. Er lenkt den Blick ab von der einen Frau, die gesündigt hat, auf die Menschen, auf die Menschheit, auf alle Menschen. Und dann sagt er in einer Zeichensprache zu den Leuten: Ihr lebt alle in derselben menschlichen Situation. Es gibt Sünden, die fallen auf wie hier die der ertappten Sünderin. Und manche Sünden fallen nicht auf. Manche versuchen sogar mit großem Erfolg, ihre Sünden zu vertuschen. Aber Sünder seid ihr alle! Nur wer ohne Sünde ist, der kann steinigen. Jesus macht also auf eine sehr dezidierte Weise den Leuten klar, daß *kein Mensch ohne Sünde* ist.

Wir haben für diese Grundgegebenheit andere Worte gefunden. Zum Beispiel, daß es keinen Menschen gibt, der nicht begrenzt, belastet, nicht mit Fehlern behaftet wäre, der nicht zu vielen dummen Dingen und Raffinessen fähig wäre. Dabei kann auch von Jesus her keiner ausgeklammert werden. Auch die Pharisäer und Schriftgelehrten nicht. Warum weist Jesus, anstatt die Frau steinigen zu lassen, auf diese Grundbefindlichkeit der Menschen hin?

Wir in der Gruppe haben unsere eigenen Schlüsse aus dieser Frage gezogen. Wenn es so ist, daß alle Menschen begrenzt und einseitig sind, dann müßten wir Menschen, so wie wir sind, unseren Beitrag dazu leisten, unsere eigenen Grenzen zu überwinden. Wir müßten uns gegenseitig helfen, mit unseren Mängeln fertig zu werden. Wir müßten darauf bedacht sein, daß der andere mit seinen Fehlern genauso fertig wird, wie ich mit den meinen fertig werden muß. Jesus sagt im Grunde: Wenn die Menschen alle Sünder sind, dann gibt es nur die Möglichkeit, sich gegenseitig zu tragen, sich gegenseitig zu helfen, sich gegenseitig ein Stück Stütze zu sein. Denn alle sitzen in ein und demselben Boot! Wenn die Menschen das begreifen und entsprechend handeln würden, dann wäre die Welt ein bißchen erlöster, dann wäre das Unheil in der Welt nicht mehr so heillos wie bisher. Dann könnte in der Menschheit so etwas entstehen wie ein neuer Frühling oder das, was Jesus mit dem »Schon-Jetzt« des Reiches Gottes meint.

Jesus geht es also nicht darum, ein Urteil zu sprechen oder zu bestätigen. Ihm geht es darum, auf die Situation der Menschen aufmerksam zu machen. Dabei darf jeder seine Grenzen haben. Schlimm wird es nur, wenn Menschen anfangen bzw. sogar eine Meisterschaft darin entwickeln, ihre eigenen Begrenztheiten zu vertuschen, um so immer mit dem Finger auf die anderen zeigen zu können.

Offensichtlich ist das eine menschliche Versuchung, die nicht nur auf die Leute von damals zutrifft. Jeder Mensch neigt zum Verbergen dessen, was an Begrenztheiten in ihm selbst steckt, und dazu, mit dem Finger auf die anderen zu zeigen. Dafür gibt es eine plausible Erklärung: Wenn ich nämlich auf die anderen zeige, dann schauen alle auf die anderen, aber niemand schaut auf mich. Und wenn niemand auf mich schaut, bleiben meine Schwächen unerkannt. Das Unheil in der Welt besteht also zum großen Teil darin, daß jeder Mensch dazu neigt, von sich selbst abzulenken, um auf die Schwächen des anderen zu pochen. Das ist die eigentliche Katastrophe der Menschheit. Daraus resultieren die Kriege, die wir überall führen: Ehekriege, Familienkriege, Auseinandersetzungen am Arbeitsplatz, Nachbarschaftskriege und die großen Kriege in der Welt.

Das Evangelium meint also etwas sehr Fundamentales. In demselben Boot sitzend, gehen wir entweder gemeinsam unter oder wir werden gemeinsam mit uns fertig. Deshalb muß es wohl jeder lernen, seine Fähigkeit zum Rudern einzusetzen, sich in seiner Begrenztheit aber auch durch andere ergänzen zu lassen. Um gemeinsam mit dem Leben fertig zu werden – dazu eignen sich keine Schuldzuweisungen. In dieser Perspektive haben wir auch das letzte Wort Jesu verstanden: Weil dich keiner verurteilt, verurteile ich dich auch nicht. Sündige in Zukunft nicht mehr!

Jesus klagt weder an noch tut er so, als gäbe es die Sünde nicht. Mit der Aufforderung: »Sündige in Zukunft nicht mehr« wollte er offensichtlich allen sagen: Erkenne deine Begrenztheiten und Schwächen und versuche, nachdem du das Verzeihen der anderen und auch mein Verzeihen gefunden hast, aus dieser deiner Erfahrung zu lernen, um Besseres aus dir und deinem Leben zu machen.

Mit solchen Worten weist er den Schuldigen wieder auf einen gangbaren Weg. Denn wenn jemand einmal die Bereitschaft gezeigt hat, seine Begrenztheiten einzusehen, sollte er nicht anfangen, depressiv zu werden oder zu resignieren, sondern er sollte aus dieser konkreten Erfahrung der Schwäche Konsequenzen ziehen zum Guten, damit Besseres aus seinem Leben und aus dem Leben eines jeden werden kann.

Wo sich Menschen finden, die sich gegenseitig dabei helfen und stärken, da hat das Reich Gottes bereits seinen Anfang genommen. Wo menschliche Unzulänglichkeiten beseitigt werden, da kann Neues entstehen. Wie hatte die fünfundzwanzigjährige Katharina von Siena an den damaligen Papst Gregor XI. († 1378) nach Avignon geschrieben? »Uns bleibt zum Schlafen keine Zeit mehr, denn die Zeit schläft nie, sondern vergeht wie der Wind... Um etwas aufzubauen, muß man das Alte bis auf die Grundmauern niederreißen.«

Uns war klar geworden: Wenn wir es nicht tun, dann die

niemals schlafende Zeit. Im übrigen stimmen die Worte der Kirchenlehrerin aus dem 14. Jahrhundert ganz mit denen eines Theologen aus dem 20. Jahrhundert überein: »Der Geist Gottes … zerbricht Mauern, weht Abgestandenes weg, löst kirchliche Verfestigungen auf. Der Geist zielt auf eine schöpferische Auflösung des Bestehenden – in uns selbst und in vielen Formen des Lebens, die wir heute noch christlich nennen. Des Geistes Rumoren ist überall spürbar. Die Druckwelle des Christusereignisses geht weiter, auch unterirdisch. Ohne dieses Beben, ohne diese Erschütterungen auch in der Tiefe des christlichen Bewußtseins ist der Traum vom Geist nicht lebendig« (K. J. Quest).

Wahrheit leuchtet im Tun

Unsere Gemeinschaft kommt uns manchmal vor wie eine Insel in der tosenden Brandung des Lebens, wie eine Oase des Friedens in der Wüste. Aber das ist nur manchmal so. Dazwischen liegen wieder die langen mühsamen Wüstenwege. Mitunter werden uns die Wege schwer gemacht von denen, die »nicht Christus dienen, sondern ihrem Bauch ..., und die durch ihre schönen und gewandten Reden das Herz der Arglosen verführen« (Röm 16,18).

Die schönen und gewandten Reden derer, die nur »Irdisches im Sinn haben«, schlagen manchmal wie Wellenberge in unser Boot. Während sie uns durcheinanderrütteln, erwecken sie durchaus nicht den Eindruck, daß »ihr Ende Verderben ist ..., daß ihr Ruhm in ihrer Schande besteht« (Phil 3,19). Im Gegenteil: Die Leute »draußen« machen uns immer wieder glauben, daß das Leben ohne Gott und ohne Evangelium durchaus lebenswert ist. Als »Feinde des Kreuzes Christi« haben sie auch ihre »Götter«, die sie anbeten und verehren: das Auto, die Hobbys, die Freizeit und den Konsum, die Erholungsreisen und die vielen Vergnügungen, die man überall finden kann.

Andererseits gibt es aber auch viele, die »vom Brot allein nicht zu leben vermögen« und deshalb Ausschau halten nach jedem Wort, das aus dem Munde Gottes kommt (vgl. Mt 4,4). Zu denen gehören auch wir. Sonst würden wir uns die Mühe sparen, »Kirche« zu sein, und wir würden keine Gedanken und Energien verschwenden für das, was wir gerne das »geistige Erbe des Evangeliums« nennen. Allerdings haben wir die Erfahrung gemacht, daß das Wort aus dem Munde Gottes nicht identisch ist mit gescheiten Reden von Menschen und mit offiziellen Verlautbarungen von Institutionen. Berufsmäßiges, professionelles Verkünden von »Wahrheiten« macht im Gegenteil immer wieder enorme Schwierigkeiten, wie es auch jahrhundertelang vorher in vielen Bereichen nicht gegriffen hat.

Diese Schwierigkeiten haben wir neulich einmal hautnah erlebt. Es war im Zusammenhang mit einem ganz konkreten Ereignis. In einem größeren Stadtteil findet jedes Jahr ein traditionelles Volksfest statt. Es wird jedesmal von einem Komitee vorbereitet, zu dem auch einige engagierte Christen aus beiden Konfessionen gehören. Natürlich gibt es darin auch die Unterhaltungskünstler und die Geschäftemacher, die an nicht viel mehr interessiert sind als an einem interessanten Programm oder am Verkauf von möglichst vielen Konsumgütern. Aber Christen gibt es eben auch. Diesen ist daran gelegen, daß ein solches Fest nicht ohne »christliche Elemente« begangen wird, zumal viele Christen dabei feiernd ihre Anwesenheit bekunden.

Sie hatten es verstanden, das gesamte Komitee für einen ökumenischen Gottesdienst am Sonntagmorgen zu gewinnen. Während ökumenische Gottesdienste aus verschiedensten Anlässen und zu unterschiedlichsten Zeiten während der Woche seit Jahrzehnten kein besonderes Problem mehr darstellen, so doch in dem Augenblick, wo es sich am Sonntagmorgen um »offizielle Veranstaltungen« handelt. Denn es gibt in beiden Konfessionen landesweit die schon seit langer Zeit bestehende und nie aufgehobene Bestimmung, daß am Sonntagmorgen keine interkonfessionellen Gottesdienste stattfinden dürfen – vor allem dann nicht, wenn das allgemeine Bewußtsein der Leute dadurch im Sinne eines religiösen »Indifferentismus« beeinflußt werden kann.

Natürlich gibt es gute theologische Gründe für solche Bestimmungen. Diese guten Gründe bekamen die Leute von einem Fachmann erklärt, nachdem ein heftiger Streit in der Bevölkerung ausgebrochen war. Das Komitee hatte nämlich das Programm für den Sonntagmorgen bereits verkündet. Zunächst hatten auch die »offiziellen Kirchen« den Anschein erweckt, daß sie gegen den ökumenischen Gottesdienst am Sonntagmorgen »ausnahmsweise« keine Einwände hätten. Als dann die Angelegenheit aber allgemein bekannt wurde, zogen deren Vertreter ihre zunächst angekündigte Beteiligung zurück. Das Programm mußte also in letzter Minute geändert werden.

Daraufhin entwickelte sich eine heftige Auseinandersetzung. Zunächst im Komitee selbst. Die darin engagierten Christen fühlten sich von der »offiziellen Kirche« schmählich im Stich gelassen. Sie wurden sogar Gegenstand des Gespötts von seiten der Unterhaltungskünstler und Geschäftemacher, denen noch nie etwas an einem Gottesdienst gelegen war, die aber gegenüber dem christlich denkenden und empfindenden Bevölkerungsteil Kompromißbereitschaft und Toleranz zu zeigen gewohnt waren. Im Komitee selbst machten sie ihrem Ärger gegenüber den Christen spöttisch und hämisch Luft, verbunden mit der Aufforderung, in Zukunft die religiöse und kirchenamtliche Komponente nicht mehr ins Gespräch zu bringen. Denn letztlich lohne es sich nicht, dafür einen Finger zu rühren …

Der Streit zog immer größere Kreise. Es gab in der Bevölkerung genug Leute, die jeden Anlaß suchten und ausnützten, um ihre antikirchliche und antichristliche Einstellung öffentlich zu dokumentieren. Auch die Christen zeigten sich sehr uneinig. Die einen verteidigten die »offiziellen Verlautbarungen« und machten den Mitgliedern des Komitees heftige Vorwürfe, daß sie einen Vorschlag eingebracht hatten, der von vornherein gegen das Gesetz verstieß. Andere sahen in einem würdig gestalteten ökumenischen Gottesdienst eine gute, leider aber verpaßte Gelegenheit, Anliegen von Christen in der heutigen Welt und Gesellschaft öffentlich zur Sprache zu bringen. Der Gottesdienst hätte mit Gebet und Gesang gefeiert werden können, auch wäre eine lebensnahe

Verkündigung gegenüber Menschen möglich gewesen, die sonst keine Ahnung hatten von dem, was es mit dem Christentum überhaupt auf sich hat.

Anstatt also das Beste aus solch einer Situation zu machen, waren die Christen eher zum Gespött geworden. Hatte man von ihnen in einer konkreten Situation doch nichts anderes verlangt, als »Christen nach Vorschrift« zu sein. Auf die Gesetze kam es an, auf theologische Unterscheidungen und konfessionelle Abgrenzungen! Nicht auf die Menschen oder auf eine konkrete »pastorale Situation«, über die bei sonstigen amtlichen Anlässen immer so hochtrabend geredet wurde.

Was es mit den »theologischen Unterscheidungen« auf sich hatte, das bekamen die Leute zu hören, als sie von einem Vertreter des Bischofs zu einer Versammlung eingeladen wurden. Weil der Streit immer heftiger geworden war und kein Ende nehmen wollte, war er vom Bischof geschickt worden, um die Leute zu beruhigen und sie mit dem theologischen und konfessionellen Rüstzeug auszustatten, welches notwendig erschien, um in Zukunft solche unangenehmen Vorkommnisse zu vermeiden. Weil der Abgesandte des Bischofs zudem ein Spezialist für ökumenische Fragen war, verstand er es, die ziemlich zahlreich erschienenen Angehörigen beider Konfessionen über ihre Gemeinsamkeiten und Verschiedenheiten eine Stunde lang zu belehren. Von den Anfängen der Reformation war die Rede, von den berechtigten Anliegen der Reformatoren des 16. Jahrhunderts, von den verschiedenen Traditionen der Christenheit, die damals noch mehr als je zuvor ihren Anfang genommen hatten, von den Rivalitäten und theologischen Auseinandersetzungen, vom unterschiedlichen Amtsverständnis und der gültigen katholischen Priesterweihe aufgrund der apostolischen Sukzession, der bischöflichen Handauflegung und Bevollmächtigung, von der Verwandlung des Brotes und Weines in den Leib und das Blut Christi, vom Wirken der katholischen

Sakramente »ex opere operato« und dem »ex opere operantis« der Andersdenkenden ...

Deshalb müßten bei allen Konfessionen die Begriffe klar bleiben, und, säuberlich getrennt, auseinander gehalten werden. Es dürfe keine Haltung der religiösen Gleichgültigkeit entstehen in dem Sinne, daß jeder nach seiner Façon selig werden könne. Dabei stehe es außer Zweifel, daß Gott auch Anders- und Ungläubige, nach seinem Ratschluß, zu retten imstande sei. Das liege in Gottes Hand. Unseren menschlichen Händen sei es anvertraut, in der rechten Lehre zu bleiben und den Weg der Wahrheit zu gehen, so wie ihn Jesus der einen, heiligen, katholischen und apostolischen Kirche nun einmal vorgezeichnet habe und wie er durch Papst, Bischöfe und Priester durch alle Zeiten hindurch zu gewährleisten sei.

Nach solchen gut fundierten theologischen Darlegungen hätten es die Leute eigentlich begreifen müssen. Aber sie begriffen es nicht. Nachdem sie nämlich lange zugehört hatten, entwickelte sich unter den Zuhörern mißmutiges Rumoren, welches sich bis zu lauten Zwischenrufen steigerte. Endlich erhob sich jemand, um sich in Form einer heftigen Attacke Luft zu machen: Wann der Referent endlich auf die konkrete Frage des Sonntagmorgens eingehen würde? Wann er endlich auf die Frage antworten wolle, warum engagierte Christen so im Stich gelassen würden? Wann der Herr Referent und Kollegen endlich anfangen wollten, denkende und verantwortlich handelnde Christen ernst zu nehmen? Was es eigentlich konkret auf sich habe mit dem Gedanken des »Volkes Gottes«, welches sich nicht mehr wie eine unmündige und gedankenlose Schafherde behandeln lasse? Und außerdem frage er sich schon während der ganzen Zeit des Referates, welche Meinung Gott über solche gescheiten theologischen Begriffe und Abgrenzungen wohl habe. Ob Gott »katholisch« oder »evangelisch« sei? Ob sich der Herr Referent und Kollegen nicht viel zu wichtig nähmen gegenüber dem Wirken Gottes in der Welt und in Menschen, welches sich sehr oft als besser und konstruktiver im Leben erweise als alles theologische Gerede? »Und nun«, so endete der empörte Redner wörtlich, »will ich Ihnen sagen, was mir seit einer Stunde im Kopf herumgeht. Seit einer Stunde lache ich mich über Ihre Ausführungen im Innersten kaputt. Ich glaube auch, daß Gott lacht über so viel menschliche Gescheitheit und begriffliche Abgrenzung. Für mich war das Wichtigste des Referates das, was Sie nicht gesagt haben: Gott lacht, und ich lache mit ihm.«

Diese letzten Äußerungen riefen zunächst ein allgemeines Gelächter hervor. Aber dann ging die Auseinandersetzung zwischen der »offiziellen Theologie« und den Anliegen konkreter Menschen weiter. Es war derselbe Streit, der seit Tagen die Gemüter bewegte und bei dieser Versammlung weder zu einem Ende noch zu einer Lösung fand. Im Gegenteil: Die Meinungen prallten noch heftiger aufeinander, bis endlich alle auseinandergingen. Auch der Referent zog von dannen. Er hatte die besten theologischen Absichten gehabt. In mancher Hinsicht hatte er auch seine Antworten zu »plazieren« verstanden. Aber auf eines war ihm keine Antwort und keine angemessene Reaktion eingefallen: auf das Gelächter der Leute, die noch glaubten, sich auf das Lachen Gottes berufen zu können.

So kam wenige Tage später der Bischof selbst. Das Getöse der Leute war ihm zu Ohren gekommen. Und das Anliegen schien ihm wichtig genug, um es in einer guten pastoralen Lösung eingefangen zu sehen. Hier war nämlich ein fundamentales Schisma ausgebrochen. Die Kluft schwelte nicht zwischen, sondern quer durch die großen Konfessionen wie eine klaffende Wunde. Sie war wohl nicht mehr mit herkömmlichen Mitteln zu überbrücken bzw. zu heilen. Es war die Kluft zwischen herkömmlich theologischen Lehraussagen und dem, was das »Volk Gottes« sein eigenes Denken und Urteilen nannte.

Eigentlich hatte es die »vox populi«, den »sensus fidelium«, ja immer schon gegeben. Sogar schon in Zeiten, in denen das einfache Volk weder lesen noch schreiben konnte. Bei wichtigen Weichenstellungen in der christlichen Vergangenheit hatte es oft seine Stimme erhoben. Es hatte dabei bewiesen, daß es eine bessere »christliche Nase« und ein fast instinktiv treffsicheres Gespür hatte für das, was sich später als wahr und richtig herausstellte. Jedenfalls hatte es bisweilen »christlicher« reagiert als gescheite Theologen und offizielle Amtsträger. Von daher konnte man auch die Wut des Volkes gegen intelligente Verlautbarungen verstehen. Sie erweckten allzuoft den nachhaltigen Eindruck, daß das Volk von offiziellen Autoritäten nicht ernstgenommen werde. Wie konnte es daher die herkömmlichen Autoritäten ernst nehmen?

So kam Bischof Paulus nicht als Referent, sondern als Hörer, nicht als Belehrender, sondern als Lernender. In dem zum Teil heftig geführten Gespräch wurde immer klarer und eindeutiger, daß sich konkrete Lebensanliegen nicht mit abstrakten Theorien und offiziellen Richtigstellungen begreifen und beantworten ließen. Denn das Volk dachte ganz anders: nicht systematisch, theoretisch, »gültig für alle«. Es dachte nicht an trefflich formulierte Sätze und Wahrheiten, nicht zuerst an das Wohl, an das Leben und den Zusammenhalt von »Kirche«, auch nicht an die Gnade und Übernatürlichkeit Gottes, noch nicht einmal an das eigene Seelenheil, welches es überall zu wirken galt...

Eher war das Denken des Volkes auf das Jetzt von Menschen bezogen; auf Situationen der Einsamkeit, des Elends und der Freude, des Hungers nach sinnvoller und erfahrbarer Lebensgestaltung. Es war ja tagtäglich konfrontiert mit menschlichen »Süchten« nach Macht, Einfluß, Alkohol und Drogen. Jeden Tag hatte es eine Welt und Umwelt vor Augen, die von Siegen und Niederlagen, von Lieblosigkeiten und Ungerechtigkeiten, von Armut, Hunger und Unterentwicklung geprägt waren. Deshalb drehte sich sein ganzes Denken um die Menschen als Menschen, um ihr Suchen und Fragen in entscheidenden Herausforderungen des Lebens und der Geschichte.

Jedenfalls war es weit entfernt von autoritären Maßnahmen und Argumenten, die nicht der Humanisierung des Lebens dienten und nicht der Ermöglichung des Menschseins bei den vielen Fallen und Hindernissen, die der Alltag stellt. Es suchte nach offenen und befreienden Antworten und wurde jedesmal allergisch, wenn der Verdacht aufkam, daß es vereinnahmt werden sollte. Jede Form von Engführung und Manipulierung durch welche Partei, durch welche Kirche oder Weltanschauung auch immer war verpönt. Dahinter steckte die Erfahrung der Irreführung und Fehlinformation des Volkes seit Jahrhunderten. Aber auch die richtige Einschätzung, daß zur Lebensbewältigung lebendige Personen wichtiger sind als Ideen: Menschen, die bereit und fähig sind, Lebenswerte durch das gelebte Beispiel plausibel zu machen. Anstelle von klaren Begriffen, eindeutigen Definitionen und Lehraussagen hatten Formen des Zusammenlebens Vorrang, die menschlichen Beistand bei Schwierigkeiten und das Zusammenspiel von Kräften und Kompetenzen ermöglichten. Dabei war man auch zu Opfern bereit, zur Bindung an Strukturen und Organisationsformen, sofern sich diese für das Leben selbst als notwendig erwiesen.

Im Gespräch wurde dem Bischof deutlich, daß sich hier eine Welt auftat, die von der herkömmlich/akademischen Theologie und institutionalistischen Kirche meilenweit entfernt war. Sicher war das Denken der einfachen Leute immer schon vorhanden gewesen, aber früher hatte man es auf weite Strecken durch objektive Sätze und allgemein gültige Vorschriften zu ignorieren und zu unterdrücken gewußt. Man hatte jahrhundertelang alles spontane und keimende Leben, welches sich »von den Menschen her« regte, mit einer dicken Schneedecke zugedeckt. Dabei war eine kirchliche Landschaft entstanden, die schön und langweilig zugleich war, die kristallklar war und zugleich jedes frühlinghaft-aufblühende Leben verhinderte.

Was zudem die Mehrheit der Leute instinktiv ablehnte, war nicht Gott, sondern die Bilder von Gott, die im Laufe der Zeit entworfen worden waren – mit Hilfe von Symbolen, Begriffen und Strukturen, die eine Welt der Vergangenheit darstellten. Der Gott der früheren Verkündigung, der »Gott an sich« war es, der ihnen Probleme bereitete. Dagegen hatten viele Christen entdeckt, daß der Gott der Bibel ein »Gott für uns« und »mit uns« gewesen war, ein in bestimmten geschichtlichen Situationen handelnder und sich bewährender Gott. Seine Gegenwart war manifest geworden in seinen Taten. Das Volk Israel bzw. das neue Volk Gottes waren »der Ort« gewesen, wo Gott sprach und handelte. Der Gott der Offenbarung hatte die Geschichte des Volkes gewählt, um seine Gegenwart zu bekunden.

Die Geschichte war aber auch der eigentliche Schauplatz der Tätigkeit des Menschen und damit der Begegnung Gottes mit den Menschen. Nur auf dem Boden der Geschichte konnte der Mensch Gottes Heilshandeln nach- und mitvollziehen. Nur darin geschah »Solidarität« des Menschen mit Gottes Handeln und Solidarität Gottes mit menschlichem Handeln. Im Handeln mußten Menschen es wieder lernen, Gottes Ruf und eschatologisches Wirken zu bezeugen. Anstatt Absonderung von der Welt und Flucht in einen sakralen Sonderraum, war es das Gebot der Stunde, Formen gemeinsamen Lebens und Handels zu entwickeln, in denen »Wahrheit« wieder mit »Weg« und »Leben« identisch war. Nur die getane Wahrheit, die Wege öffnete und gangbar machte und glaubhaftes Leben konstituierte, konnte wieder messianische, prophetische und charismatische Kräfte entfalten. Es mußte eine Wahrheit sein, die sich in der Bewährung als »wahr« erwies, die Bande zwischen Menschen zu knüpfen vermochte und die sich konkret ereignete.

Als der Bischof fortging, hatten die meisten von uns den Eindruck, daß er sehr nachdenklich geworden war. Viele Gruppen fühlten sich durch ihn auf ihrem Weg bestätigt. In ihnen war die Gewißheit gewachsen, daß es wohl in Zukunft bei konkret anstehenden Problemen keine Lösung »von oben allein« mehr geben würde. Beim Weggehen hatte der Bischof noch die Bemerkung gemacht, daß die Zeit für eine »Theologie des Volkes« überreif geworden sei. Die Zeit der »zu schnell redenden Theologen« sei vorbei. Eine der wichtigsten Aufgaben der Zukunft bestehe darin, theologische und kirchliche Autorität mit der Freiheit und persönlichen Entscheidung von Christen auszusöhnen. Normen, Impulse und Gedanken der offiziellen Theologie müßten in Zukunft mehr als Hilfen und als Gesten der Solidarität verstanden werden mit denen, die des bloßen Gott-Denkens und Gott-Feierns überdrüssig geworden seien. Was er in diesem Gespräch mehr als je zuvor gelernt habe, sei die Erfahrung, daß das bloße Wiederholen von Glaubenswahrheiten keine heilsame Erinnerung an Gottes Taten wecke. Nur das Nachvollziehen seiner Taten könne Wahrheit wieder zum Leuchten bringen.

Wir als Gruppe haben bei diesem Gespräch auch unsere Erfahrungen gemacht. Wir haben Ansätze »unserer Theologie« gefunden bzw. sind uns solcher zum ersten Mal bewußt geworden. Ein langer Weg war durchschritten worden: von einer hochtrabenden akademischen Theologie zu einer alltäglichen, die konkrete Lebensfragen vom Denken und Handeln Jesu her zu beantworten sucht. Eine Kontaktaufnahme war wieder möglich geworden zwischen uns und Ihm – ein gegenseitiger Blick, der nicht mehr verhindert wurde durch wohlformulierte Sätze und anspruchsvolles Reden. Eine Wahrheit war wieder zum Leuchten gekommen: die Wahrheit dessen, der durch seine Person und sein Wirken die anbrechende Gottesherrschaft glaubwürdig bezeugte und sogar Gegenreaktionen zuließ – statt die Menschheit in einem religiösen Dornröschenschlaf einzuschläfern.

So lernten wir im Sinne der biblischen Botschaft wieder sagen:

Auf das Tun der Wahrheit kommt es an, weniger auf das Reden und Diskutieren darüber. Denn wer die Wahrheit tut, der kommt zum Licht. Er kommt nicht nur selbst zum Licht, er zündet vielmehr auch – ohne es selbst immer zu bemerken – ein Licht an, welches die Dunkelheit menschlicher Wege erleuchtet. Dasselbe sagt auch ein Sprichwort: Besser ist es, ein Licht anzuzünden, als über die Dunkelheit der Welt zu schimpfen. Was gab es eigentlich Wichtigeres, als Menschen zu begegnen, denen solches gelingt, als selbst solche Menschen zu sein.

Manchmal kamen wir in eine Lage, in der wir in der Weisheit anderer Völker und Religionen, in den Symbolen unserer Künstler und Schriftsteller das fanden, was uns zum »Tun der Wahrheit« eine Hilfe wurde. Denn dabei ging es ja darum, eine Atmosphäre des Vertrauens und der Offenheit, der Aufrichtigkeit und der Wahrhaftigkeit zu schaffen – vor allem in solchen Zeiten, in denen das Irrationale und Unergründliche in den Beziehungen untereinander die Oberhand gewannen und Gefühle der Beklemmung, der inneren Abkehr, des Mißtrauens, der Undurchsichtigkeit, der Verschlagenheit und Aggressivität das Klima zu vergiften drohten.

Vom griechischen Philosphen Sokrates lernten wir die schöne *Geschichte von den »drei Sieben«*. Aufgeregt kam jemand zu Sokrates gelaufen und sagte: »Höre, Sokrates, ich muß dir erzählen, wie dein Freund...« »Halt ein!« unterbrach ihn der Weise, »hast du das, was du mir sagen willst, durch die drei Siebe geschüttelt?« »Drei Siebe?« fragte der andere voll Verwunderung. »Ja, mein Freund, drei Siebe! Laß sehen, ob das, was du mir erzählen willst, durch die drei Siebe hindurchgeht. Das erste Sieb ist die Wahrheit. Hast du alles, was du mir erzählen willst, geprüft, ob es wahr ist?«

»Nein, ich hörte es erzählen, und ...« »So, so. Aber sicher hast du es mit dem zweiten Sieb geprüft, es ist das Sieb der Güte. Ist das, was du mir erzählen willst, wenn schon nicht als wahr erwiesen, wenigstens gut?« Zögernd sagte der andere: »Nein, das nicht, im Gegenteil ...« »Dann«, unterbrach ihn der Weise, »laß uns auch das dritte Sieb noch anwenden und laß uns fragen, ob es notwendig ist, mir das zu erzählen, was dich so erregt«. »Notwendig nun gerade nicht ...« »Also«, lächelte Sokrates, »wenn das, was du mir erzählen willst, weder wahr noch gut noch notwendig ist, so laß es begraben sein und belaste dich und mich nicht damit!«

Diese Erzählung macht deutlich, daß es so etwas gibt wie eine »schleichende Lüge«, welche die Atmosphäre unter Menschen vergiftet, ein Klima der Unaufrichtigkeit und Unwahrhaftigkeit schafft. Vielleicht ist dieses »Klimatische«, »Atmosphärische« in den zwischenmenschlichen Beziehungen schlimmer und verderblicher als die ausgesprochene Lüge selbst. Deshalb rät Sokrates dazu, alles zu meiden, was weder wahr noch gut noch notwendig ist.

Beim *»Tun der Wahrheit«* kommt es also auf Lebenshaltungen an, die viel schwieriger, aber doch entscheidender sind als berufliche Tüchtigkeit, technisches Vermögen oder auch theologische Intelligenz. Denn in den menschlichen Begegnungen spielen sich mancherlei Dynamismen ab, die man »theoretisch« nicht lösen kann. In Straßenbahnen, an Bushaltestellen, an Arbeitsplätzen und in Kantinen gibt es viele Begebenheiten, die Gott-sei-Dank freudig verlaufen. Andere erzeugen Mißmut, Ärger, Zorn oder distanzierte Höflichkeit ...

Sokrates hat uns geholfen, daß wir eines Tages auf eine der wunderbarsten Fähigkeiten zu sprechen kamen, die wir besitzen: *die Gabe des Redens* miteinander. Wir hatten uns eigentlich noch nie Gedanken gemacht über die Kraft und Macht, die uns mit der Sprache gegeben ist. Wir erhalten zwar täglich Informationen über aktuelle Ereignisse im Staat, in der Politik, in der Kirche und Gemeinde. Wir denken viel über solche Geschehnisse nach. Wir sprechen auch oft darüber. Aber worüber wir eigentlich nie die Gelegenheit hatten nachzudenken, war unsere Fähigkeit, miteinander zu reden. Obwohl unser Sprechen jenes ständige Tun ist, welches soviel Gutes und soviel Schlechtes unter Menschen auszurichten vermag. Unsere Sprache ist eine Macht, die aus unserem Geist kommt und so mächtig ist wie unser Denken selbst.

Das Wunder der Sprache kann man am besten an einem *kleinen Kind* beobachten. Zuerst stößt es nur Lall-Laute aus. Eines Tages gelingt ihm zum ersten Mal das Wort: »Mama!« Wenn wir aufmerksam sind, nehmen wir auch den Glanz der Freude auf seinem Gesichtchen wahr; denn dem Kind ist ein Wunder gelungen. Es hat seine tiefen Gefühle, seine Verbundenheit mit der Mutter, seine gelebte Geborgenheit in einem Wort zum Ausdruck gebracht. Es hat eine Brücke, eine neue Beziehung geschaffen vom kleinen Ich zum großen Du, welches die Mutter ist.

Die Worte, die wir sprechen, sind auch bei uns Erwachsenen mehr als bloße Lautäußerungen. Wir tragen Sorge in uns, wir haben Gefühle und Empfindungen, uns bewegen erregende Gedanken und Erlebnisse – wir würden mit ihnen allein bleiben, zurückgestoßen in die tiefste Einsamkeit unseres Ich, wenn es die Worte nicht gäbe, die Sprache, die uns gestattet, unser Inneres nach außen zu kehren, uns selbst mitzuteilen und in den Augen des Gesprächspartners, im Blick des Freundes und Bekannten zu erkennen, daß er uns verstanden hat. Und der andere muß fühlen, daß wir ihn verstehen. Sonst käme kein bereicherndes, befreiendes, freundschaftliches Gespräch zustande. Rede und Gegenrede, Frage und Antwort, das Sprechen des Ich und das Reagieren des Du werden zu einer Brücke der Vertrautheit, des Verstehens und Verstandenwerdens, der Liebe und der Gemeinschaft – vorausgesetzt, daß das rechte Wort im rechten Augenblick gesprochen wird.

Denn unsere Worte können Hochschätzung, Achtung, Ermutigung, Wahrhaftigkeit, Wahrheit zum Ausdruck bringen. Aber sie können auch scharfe Waffen sein, die verletzen, beleidigen, demütigen. Sie können Vertrauen schaffen, aber auch Zwietracht, Haß und Neid säen. Vielleicht hätte sich vieles in unserer Welt ganz anders entwickelt, wenn auch Christen gelernt hätten, das rechte Wort zur rechten Zeit zu sagen!

Das rechte Wort zur rechten Zeit – das kann, auch wenn es liebevoll und taktvoll gemeint ist, zu neuen Problemen und Schwierigkeiten führen. Die Wahrheit über sich selbst und über den Zustand der Welt ist nicht leicht zu verkraften. Wie jeder Kranke dazu tendiert, sich über die Schwere seiner Krankheit hinwegzutäuschen, sich selbst etwas vorzumachen oder sich gern etwas vormachen zu lassen, so ist es auch bei anderen menschlichen Unzulänglichkeiten. Und dennoch ist die zutreffende »Diagnose« ein erster unverzichtbarer Schritt zur Heilung. Wo Menschen die Wahrheit nicht zulassen, die ihnen sagt, wie sie »dran« sind mit sich selbst, bleiben sie Lebenslügen verhaftet, die eher kränker machen, als daß sie heilen. Allen Widerständen zum Trotz hat es in der Menschheitsgeschichte immer wieder Menschen gegeben, die es sich geradezu zur Aufgabe gemacht haben, die Wahrheit über die Dinge und über die Menschen beim Namen zu nennen. In ihrer Umwelt galten sie stets als *»schwierige Menschen«*.

Archäologen haben den Nachweis geliefert, daß sich die *Ägypter* bereits vor 6000 Jahren mit dem Problem des schwierigen Menschen beschäftigten. Sie öffneten ihre Köpfe, um im Gehirn die Ursachen dafür zu entdecken: in Geschwüren oder sonstigen Abartigkeiten. Denn die Tatsache, daß es Menschen gab, die sich anders verhielten, als man es sich wünschte, mußte ja wohl ihre Ursachen haben.

Also forschte man nach den Ursachen in der Hoffnung, das Rätsel eines Tages lösen zu können.

Zu anderen Zeiten und an anderen Orten machte man mit schwierigen Menschen kurzen Prozeß, ohne groß danach zu fragen, warum sie so und nicht anders geworden waren. Man steckte sie in Gefängnisse, Konzentrationslager, Gaskammern oder psychiatrische Anstalten. Man schleppte sie vor die Inquisition oder verbrannte sie als Häretiker, Zauberer und Hexen. Man fand irgend etwas, um sie zu beseitigen und Ruhe vor ihnen zu haben.

Sokrates im alten Griechenland wurde als schwieriger Mensch empfunden. Deshalb wurde er zum Tode durch den Giftbecher verurteilt. »Er verführt die Jugend«, hieß es. Auch *Jesus* war für die etablierte Umwelt »schwierig«. Man schlug ihn ans Kreuz, weil er angeblich das Volk politisch aufwiegelte. *Paulus* nennt sich selbst einmal »schwierig«, unglücklich, weil zwei Seelen ihn bedrängten und ihn innerlich zerrissen, so daß er tat, was er nicht tun wollte, und nicht tat, was er wollte (Röm 7,15–24).

Schwierige Menschen mögen bisweilen schwierig für sich selbst sein. Oft sind sie es für andere, weil sie den Finger auf Wunden legen. Sie können Unruhe bei etablierten und sogenannten »ordentlichen Menschen« schaffen, mit ihrem Anderssein religiös oder politisch Mächtigen und Einflußreichen ein Dorn im Auge sein, ein Stachel im Fleisch. Dann sucht man sie zu beseitigen, auf eine sogenannte »humane Weise« zu isolieren oder ihnen alles Mögliche an Fehlverhalten in die Schuhe zu schieben.

Die »Schwierigen« ihrerseits machen es ihren Gegnern sogar leicht. Denn oft findet sich bei ihnen Ungewöhnliches, das von der Norm und Regel abweicht. Etablierten dienen sie dann als Alibi, die eigenen Wunden zu vertuschen, eigene Fehler zu verheimlichen. Denn wie könnten die sogenannten »Unruhestifter« überhaupt Unruhe stiften, wenn ihre Umwelt nicht mimosenhaft-anfällig dafür wäre? Und nervöse

Auffälligkeit ist immer ein Zeichen von innerer Schwäche und nicht zugegebener Unsicherheit.

Auch *Jesus* begegnet eines Tages einem schwierigen Menschen, den die Umwelt mied. Die Sünderin bot den Zeitgenossen Anlaß genug, ihr auf der Straße auszuweichen, um Himmels willen den Kontakt mit ihr zu meiden. Wer sich mit ihr abgab, erniedrigte sich selbst, machte sich selbst zu einem Ausgestoßenen. Der Anstand und die gute Sitte verlangten es, Abstand von ihr zu halten, sie eher zu beleidigen, als mit ihr zu reden. Jesus tut genau das Gegenteil. Er holt sie aus ihrer Isolierung, solidarisiert sich mit ihr im Gespräch, er wirbt um Verständnis, versucht ihr Liebe zu erweisen, ihrer Sehnsucht einen neuen Weg zu eröffnen (vgl. Lk 7,36–50).

Warum verhält sich Jesus so? Um die religiös Etablierten zu provozieren? Sicher, um seine Botschaft von der Wahrheit Gottes nicht nur zu predigen, sondern sie »leibhaftig« werden zu lassen. Jesus will damit zeigen, daß die Wahrheit zunächst eine Gabe ist, dann aber zur Aufgabe wird. Man kann sie nicht unter Verschluß halten, nur in schöne Worte kleiden. Wie der Mensch mit seinen Gaben und Aufgaben wächst, so auch die getane Wahrheit. Sie wird erst reif und vollkommen, wenn sie sich in die Bewährung gestellt sieht. Die »Wahrheit« der Liebe kommt erst zum Leuchten, wenn man sie tut.

Christen auf eigenen Füßen – Wortgottesdienste

Vielleicht gehört es zu den überraschendsten und kaum vermuteten Phänomenen der letzten Jahrzehnte, daß sich immer mehr Menschen für eine neue Orientierung an der Bibel interessierten und für die Person Jesu – sehr oft allerdings ohne Kirche. Bevor diese Tatsache besonders bemerkt worden war, hatte es in den Gemeinden so etwas wie einen »Bibelfrühling« gegeben. Denn viele hatten schon lange, im Stillen und für sich persönlich, die Bibel als das »Buch ihres Lebens« erkannt und immer wieder darin gelesen.

Dies war zweifellos auch dadurch vorbereitet worden, daß sich die Kirchen selbst in ihrer Verkündigung schon seit einer geraumen Zeit auf das biblische Fundament des Glaubens besonnen und »Urchristliches« wiederentdeckt hatten, welches durch Herkömmliches und Traditionelles allzusehr verdeckt und geradezu verhindert worden war. Aber nicht nur die Predigt der Kirche hatte dazu beigetragen. Seit vielen Jahren war in der Öffentlichkeit – aufgrund von Umfrageergebnissen – die Meinung verbreitet worden, daß auch viele nichtkirchlich orientierte, ja sogar von der Kirche distanzierte Leute und zahlreiche »Prominente«, die gewöhnlich einen sehr »weltlichen« und »unreligiösen« Eindruck erweckten, die Bibel als das für ihr Leben wichtigste Buch erkannt hatten. Zu ihnen gehörten Philosophen und Physiker, Naturwissenschaftler und Humanwissenschaftler, Soldaten bis in die obersten Ränge, Dichter und Schriftsteller.

So hatte sich im außerkirchlichen wie kirchlichen Raum eine »Mentalität« breit gemacht, die für die Zukunft des Glaubens von außerordentlicher Tragweite wurde. Als dies in den öffentlichen Diskussionen immer deutlicher wurde, stellte sich aber auch heraus, daß niemand an der Wiederherstellung bzw. Restauration herkömmlicher Kirchenverhältnisse ein Interesse hatte. Man zeigte eher Unverständnis für die früheren Verhältnisse. Dies nicht so sehr wegen des Menschlichen, Allzumenschlichen in der Kirche, welches es immer schon gegeben hatte und sich in Zukunft wohl auch nie vermeiden ließ, sondern vielmehr im Sinne grundsätzlicher Anfragen im Blick auf die Vergangenheit.

Denn da zeigten sich zwei Tendenzen. Auf der *einen Seite* hatte es die Massen gegeben, die in einer unverständlichen Weise bereit gewesen waren, sich bis in die persönlichsten Gewissensbelange hinein kirchlich und klerikal regieren zu lassen. Auf der *anderen Seite* war es deshalb für einige sehr leicht gewesen, sich als Götter oder als Stellvertreter Gottes auf Erden zu gebärden. Diese Idee hatte bei den römischen Kaisern ihren Anfang genommen und war von Kirchenfürsten, offensichtlich nicht im Sinne des Evangeliums, allzu leichtfertig übernommen worden. Der ursprüngliche Sündenfall »Ihr werdet sein wie Gott« (vgl. Gen 3) kehrte in der Geschichte der Menschheit offensichtlich immer wieder in der Versuchung von Menschen, mehr als ein Mensch, etwas Absolutes »wie Gott« sein zu wollen. Dieser stets wiederkehrende Sündenfall hatte sogar allzu häufig dazu geführt, im Namen Gottes Blut zu vergießen und Menschenrechte mit Füßen zu treten. Jedenfalls war es nicht unüblich, grausame Kriege und Ungerechtigkeiten immer wieder mit Gott zu rechtfertigen. Wären nur Menschen deren Anstifter gewesen, hätten sie sich rechtfertigen müssen. Aber Gott, der Blut vergießt und Menschen mißachtet, hatte es nicht nötig, sich vor Menschen zu rechtfertigen.

So war die Praxis und Erfahrung der *Verwendbarkeit des Himmels für Staatsideologien* bzw. der Verankerung imperialer Ansprüche auf dem Boden des Evangeliums mehr als eine juristische Notlösung. Das Christentum als Staatsideologie bzw. der Glaube an den christlichen Staat schienen allzu plausibel und de facto realisierbar, um Recht und Ordnung zu schaffen und zu erhalten. Und die Massen, die ja gläubig sein wollten, hätten wohl noch lange Jahrhunderte diesen kirchlichen Obrigkeitsstaat in Kauf genommen, hätte dieser im Laufe der Zeit nicht doch zu schmutzige Finger bekommen und wäre sein Fehlverhalten nicht zu gewaltig gewesen, um nicht weltweite Prozesse der Ernüchterung in Gang zu setzen – allem Reden über »Amt« und »Unfehlbarkeit« zum Trotz.

Diese Prozesse begannen zunächst in Ländern mit einer aufklärerischen Vergangenheit bzw. Kultur, in der sich jeder sein eigenes Urteil erlauben konnte. Zunächst sah es so aus, als würden solche »modernistischen« Prozesse an den Grenzen der unterentwickelten Länder und vor den Hütten der Menschen der Dritten Welt haltmachen. Eine Zeitlang schienen diese noch »kindlich gläubig und ergeben«. Aber diese Illusion, von einigen wohlgenährt und als Selbsttäuschung vertreten, löste sich bald in einen nüchternen Realismus auf, der beinahe weltweit zum Untergang des Christentums geführt hätte.

Wenn es da in allen Ländern und Kontinenten nicht den *»Bibelfrühling«* gegeben hätte! Offensichtlich hatte sich gerade in den Zeiten der Krise, der kirchlichen Resignation und Untergangsstimmung der liebe Gott selbst etwas einfallen lassen. Just in dem Augenblick, in dem herkömmliche Strukturen und theologische Gedankensysteme versagten, hatte sich der »Geist Gottes«, von dem man immer schon wußte, daß er »letztlich« alles bestimmt, daran gemacht, sich an Menschen zu wenden.

Dabei gar nicht so sehr an die amtlich dafür Vorgesehenen, sondern an die Menschen »seiner Gnade« und »seiner Huld«. »Der Mensch ist der Weg der Kirche«, hatte ein früherer Papst einmal geschrieben. Aber dabei hatte er unerwähnt gelassen, daß der Mensch zunächst einmal der Weg Gottes ist – mit unabsehbaren Konsequenzen. Denn die

Wege Gottes müssen mit denen der Kirche nicht immer identisch sein, sonst hätte eine dauernde Bekehrung und Umkehr der Kirche zum Gott geschichtlicher Wege in allen ihren Gliedern, sozusagen von Kopf bis zum Fuß, schon längst vollzogen sein müssen. Da dies offensichtlich nicht konsequent genug geschah, schien der Augenblick gekommen, daß Gott andere Wege zu gehen gedachte, als es die herkömmliche Kirche gewohnt war.

Daß das Herkömmliche nicht mehr griff, hatten allmählich alle zu begreifen angefangen, abgesehen von denen, die zur Umkehr unfähig geworden waren. Vor allem wollten Letztere nicht wahrhaben, daß die von ihnen verinnerlichten Werte wie Kirche als »fertiges Haus Gottes«, als »societas perfecta«, an den geschichtlichen Realitäten scheiterten. Im Guten verhärtet, hatten sie das Ergebnis aller geschichtlichen Wege Gottes für sich bereits vorweggenommen, so daß an ihren eigenen Früchten allzu deutlich zu erkennen war, daß sie mitten im Scheitern waren. Dabei hätten sie doch an den Früchten ihrer eigenen Gedankenkonstruktionen und Praktiken erkennen müssen, daß es an ihnen nicht viel unterscheidend Christliches mehr zu erkennen gab (vgl. Mt 7,16).

Aber wie gesagt: Da gab es fast in allen Gemeinden wenigstens den Hauch eines Bibelfrühlings, der schon manches kirchliche Eis, wie sich zeigte, zum Schmelzen gebracht und eine größere Anzahl von Männern und Frauen zu einem bisher kaum öffentlich wahrgenommenen religiösen und christlichen Selbststand geführt hatte. Gestalt angenommen hatte diese Neubesinnung vor Jahren mit der von vielen kirchlichen Gemeinden und Gruppen offiziell eingeführten *Praxis des »Bibel-Teilens«* – eine Art Bibelmeditation in sieben Schritten, die mit Gebet begann und endete und jedem eine Möglichkeit zur Besinnung und Muße gab. Ihre Bedeutung gewann diese Methode vor allem dadurch, daß sie in keine Predigt, gehalten von einem »Hauptamtlichen«, ausartete. Zudem durfte keine Diskussion stattfinden. Theologisch »Gescheitere« durften keine Korrektur an wenigen Geschulten vornehmen. Vielmehr ging es darum, daß jeder Worte und Sätze in einem Bibeltext ausfindig machen und artikulieren konnte, die für ihn persönlich wichtig waren.

Auf diese Weise wurde zunächst einmal – in sehr kleinen Schritten und bei den einfachsten Leuten – die herkömmliche religiöse und kirchliche *Sprachlosigkeit* überwunden und das Gefühl, stets von »Fachleuten« und beamteten Vertretern des Glaubens vereinnahmt und bevormundet zu werden. Texte der Heiligen Schrift fanden bei näherem Zusehen und Austausch untereinander einen neuen Sitz im jeweils eigenen Leben. Es wuchs das Bewußtsein, daß das Wort Gottes etwas mit dem Leben zu tun hat und Erfahrungen artikuliert, die in die Wurzeln des Menschseins und alles Menschlichen hinabreichen.

So entstand eine neue Praxis des Miteinanderumgehens: Bischöfe und Theologen, Priester und »Laien«, Männer und Frauen machten die Erfahrung, daß sie in ihrer Lebensgeschichte eigentlich immer schon auf je persönliche Weise von dem einen Geist Gottes gelenkt und begleitet worden waren. Deshalb konnte es in Zukunft auch nicht mehr darum gehen, Kirche »in Stufen«, gegliedert »von oben nach unten«, zu sein. Denn Gott war »unten« im gleichen Maße anwesend wie »oben«, also in allen seinen Teilkirchen und Kirchenmitgliedern »ganz«. Dies mußte im Geist gleichwertiger Partnerschaft, Brüderlichkeit und Geschwisterlichkeit ernst genommen werden.

Das Vorurteil, nur Studierte könnten die Bibel verstehen und für das Leben auslegen, schwand mehr und mehr, wenn es bisweilen auch gut war, daß Spezialkenntnisse – mit gebotener Zurückhaltung – eingebracht wurden. Bei jedem wuchs das Bewußtsein, daß jedem Menschen auf persönliche Weise die Heilige Schrift zu einer frohen Botschaft werden kann, wenn er sich öffnet und ihrem tieferen Sinn nachgeht und es zuläßt, daß der so gefundene persönliche Glaube auch das Leben bzw. das Einstellungsgefüge in Lebenssituationen verändert. In der gemeinsamen Erfahrung des Bibelteilens konnte im Großen wie im Kleinen das wahr werden, was Jesus gesagt hatte und was die ersten christlichen Gemeinden bereits auf ihre eigene Weise versucht hatten: »Ihr wißt, daß... die Mächtigen ihre Macht über die Menschen mißbrauchen. Bei euch aber soll es nicht so sein« (Mk 10,42 f). »Die Gemeinde der Gläubigen war ein Herz und eine Seele« (Apg 4,32).

Solche Methoden des Bibellesens schufen also ein neues Gemeinschafts- und Solidaritätsbewußtsein und auch ein neues Selbstwertgefühl und Selbstbewußtsein, welches sich nicht mehr leicht vereinnahmen und bevormunden ließ. So stellte sich auch bald die amtskirchliche Wunschvorstellung als Irrtum heraus, daß auf diese Weise herkömmliches Kirchesein neu belebt und damit die überall spürbare Kirchen- und Glaubenskrise überwunden werden könnte.

Es zeigte sich im Gegenteil, daß die Kirche ein geistiges Erbe tradierte und propagierte, welches wenigstens zum Teil unübersehbar im Gegensatz zu ihr selbst stand. Zumindestens war auf weiten Strecken der christlichen Geschichte und Tradition nicht unbedingt der Eindruck entstanden, als hätte man alles daran setzen wollen, den ursprünglichen Geist und die ursprünglichen Intentionen Jesu zum Zuge kommen zu lassen. Wäre dies tatsächlich geschehen, wären schon früher viele peinliche Fragen nicht gestellt worden. Auch waren manche Texte der Heiligen Schrift weitgehend unbekannt geblieben. Vielleicht waren sie sogar bewußt den Menschen vorenthalten bzw. verdrängt worden, weil sie nicht ins Konzept paßten. Zum Beispiel erregten eines Tages einige Stellen Aufsehen, die sich auf *Bischöfe als Familienväter* bezogen: »Der Bischof... soll ein Mann ohne Tadel sein, nur einmal verheiratet, nüchtern, besonnen, von würdiger Haltung, gastfreundlich, fähig zu lernen, nicht streitsüchtig, nicht geldgierig... Er soll ein guter Familienvater sein und seine Kinder zu Gehorsam und allem Anstand erziehen. Wer seinem eigenen Hauswesen nicht vorstehen kann, wie soll der für die Kirche Gottes sorgen?« (1 Tim 3,2–5; vgl. Tit 1,6–9).

Was hatte die amtliche Kirche also gegen die *bewährten Männer und Frauen*, wenn es um seriöse Ämterbesetzungen ging? Hatte die Kirche nicht Traditionen und Gewohnheiten eingeführt, die dem Evangelium widersprachen, statt es zu entfalten? Hatten nicht kirchliche Überlieferungen Gottes Wort außer Kraft gesetzt? »Sehr geschickt setzt ihr Gottes Gebot außer Kraft und haltet euch an eure eigene Überlieferung« – hatte Jesus bereits den Pharisäern und Schriftgelehrten vorgeworfen und damit eine Urversuchung von Menschen artikuliert, die sich gern im religiösen Bereich zu Herren über andere machen, statt Diener bei der Entfaltung von Gottesgaben und Gottesanliegen zu sein (vgl. Mk 7,8–13).

So gab es also viele Gründe und Impulse zu einer *christlichen* Neubesinnung, die sich im Verhalten mündiger Christen zwingend auswirken mußten. Zudem hatte ja Gott selbst ein unübersehbares »Zeichen der Zeit« mitten in die Gemeinde gesetzt. Es hieß *»Priestermangel«* und war ein Anruf an alle, selbst wieder Kirche und Gemeinde zu werden – auf eigenen Füßen und mit all den Gaben und Grenzen, die Gott selbst den einzelnen Mitgliedern der Gemeinden mitgegeben hatte.

Aus der ursprünglich *meditativen* bzw. *existentiellen* Bibelinterpretation, geeignet für die Spiritualität des einzelnen, wurde so unversehens eine *politische* bzw. *kirchenpolitische*. Denn die Heilige Schrift spricht ja nicht nur vom Wort Gottes als Vergangenheit, wie es uns von ihren Verfassern in der menschlichen und zeitbedingten Weise des *»Damals«* überliefert ist, sondern ist und bleibt bedeutsames Offenbarungs- und Erlösungsgeschehen, das in einer geschichtlichen Person erfolgt ist und als neues Heilshandeln Gottes auch gegenwärtig wirksam bleibt: Gottes Gegenwart in der Zeit, der im Kommen stets Gegenwärtige, der also nicht der Zeit entrückt ist, sondern der den Menschen stets nahe ist! Wie konnte man das »Eigentliche« seiner Botschaft für das *»Heute«* anderswo entdecken als in den Fragen und Nöten, in den Ängsten und Zweifeln, in den Verdrängungen und Sehnsüchten der Menschen von heute wie auch in den Umbrüchen der Zeit – jenseits eines früheren Kinderglaubens und der für viele unerträglich gewordenen Traditionen und Frömmigkeitsmodelle? Wie konnten sinnentleerte Zeichen religiös-kirchlichen Lebens Anlaß zur »Reinigung« des Christlichen wie auch des Kirchlichen werden?

Statt die christliche Botschaft also der zerstörerischen Vernichtung anheim zu geben, mußten die Menschen selbst wieder lernen, sich *»adventlich«* der Anwesenheit Gottes in der Vergangenheit, Gegenwart und Zukunft des eigenen Lebens – wenigstens spurenhaft – erneut bewußt zu werden und dabei ihre Rolle und Aufgabe im Geschehen von Welt und Kirche zu artikulieren. Denn der Mensch und nichts anderes ist der *Weg Gottes* in die Welt. Der Mensch mußte auch der *Weg der Kirche* werden, wenn nicht jeder neue Wein, d.h. der im Menschen aufbrechende neue Geist, durch alte kirchliche Schläuche von vornherein zum Auslaufen gebracht werden sollte (vgl. Mt 9,17).

Wenn mit solchen Perspektiven und ermutigenden Impulsen im Hintergrund kleine Gruppen das Bibellesen und Bibelteilen praktizierten, wuchs auch das Bewußtsein von der *»Sakramentalität« des Bibellesens*. Diese Überzeugung war zum ersten Mal vom Kirchenvater *Hippolyt* in seiner Kirchenordnung (um 200) formuliert worden. Damals schrieb er: »An den Tagen, da sie (die Christen der einzelnen Gemeinden) in der Kirche nicht beten (das heißt, keine Eucharistie feiern), sollst du die Schrift nehmen, um in ihr zu lesen. Die Sonne soll in der Frühe des Tages die Schrift auf deinen Knien finden.«

In diesen Worten drückt der Kirchenvater das ursprüngliche Bewußtsein der ersten christlichen Jahrhunderte aus, daß der Herr in seinem Wort gegenwärtig ist wie in seinen Sakramenten. Deshalb gab es nichts Wichtigeres als das gemeinsame Hören auf das Wort Gottes. Hatte Jesus doch selbst gesagt: »Wo zwei oder drei in meinem Namen versammelt sind, da bin ich mitten unter ihnen« (Mt 18,20).

Diese und ähnliche Gedanken haben manche Unklarheiten und ängstliche Fragen unter uns allmählich ausgeräumt. Zum Beispiel hatte, besonders beim Klerus, die große Angst geherrscht, durch unser bisweilen aufscheuchendes, zutiefst beunruhigendes, aber auch tröstendes Umgehen mit dem Wort Gottes gehe der Sinn für den *Wert der Eucharistie* und damit für den »Höhepunkt des christlichen Gemeindelebens« allmählich verloren. Eucharistie und Bibellesen würden als »gleichrangig« angesehen...

Deshalb herrschten streckenweise die Bemühungen vor, *Wortgottesdienste* nur als *»zweitrangig«* einzustufen, sozusagen als »Notlösung« für den Fall, daß kein Priester anwesend war oder keine Aushilfe herbeigeholt werden konnte. Es hat sehr lange Zeit Gemeinden gegeben, in denen Wortgottesdienste geflissentlich verboten oder nur in Ausnahmefällen gestattet waren. Sehr oft gelang es bei solchen Bemühungen noch im letzten Augenblick, kurz vor dem Beginn eines von einer Christengruppe vorbereiteten Wortgottesdienst mit Kommunionausteilung, einen Priester herbeizubemühen. Dann wurde das ursprüngliche Vorhaben mit einer Handbewegung vom Tisch gefegt; denn ein geweihter Priester war gekommen. Er war zwar völlig fremd und unbekannt und meist einer im hohen Pensionsalter, dem die Beine schon schwach geworden waren und die Stimme zittrig und unverständlich, aber immerhin konnte doch noch einmal eine »wirkliche Kirch'« gehalten werden, und das war die Hauptsache!

Solche Maßnahmen haben die ewig Gestrigen meistens

befriedigt und die anderen, die für das Fortleben der Botschaft des Evangeliums großes Engagement zeigten, geärgert und entmutigt. Entscheidend war jedoch die Frage: Was steckte für ein Gemeindeverständnis dahinter, was für ein *erschreckendes Gottesbild?* Ohne den Klerus ging nichts! Er war der eigentliche Gnaden- und Gottesvermittler. Auch Gott konnte nichts ohne den Klerus und dessen »amtliche Weihevollmacht«. Wenn er aber – mangels Klerus – doch mal »etwas konnte«, nämlich in der Gemeinde der in seinem Namen Versammelten anwesend und sogar wirksam sein, dann laut Richtlinien und Anordnung des Klerus eben doch nur »zweitrangig«, »ersatzweise«, als Notlösung.

Gottes Anwesenheit durch sein Wort also als Notlösung! So ein Verhalten schien theologisch und biblisch wie ein Treppenwitz der Geschichte. Wer konnte es noch nachvollziehen? Hatte sich doch längst herumgesprochen und die Vorstellung durchgesetzt, daß Gott viel mehr kann, als ihm offiziell zugestanden wurde. Er konnte z. B. in der vorchristlichen Zeit und in außerchristlichen Religionen »heilige Heiden« berufen. Abel, Henoch, Noach, Hiob, Melchisedech und Lot in der Zeit des Alten Testaments gehörten dazu, obwohl sie weder dem Volk Israel noch der Religion Israels zuzurechnen waren. In der Zeit Jesu waren es sicher der gläubige heidnische Hauptmann von Kapharnaum (Lk 7,1–10) und die gläubige kanaanäische Frau (Mk 7,24–30). Warum heute nicht auch Gandhi und andere Vertreter hinduistischen, buddhistischen oder islamischen Glaubens?

Vielleicht gehörten doch ein universaleres Gottesverständnis als bisher und ein weltumfassend-katholischer Horizont dazu, wenn wir wirklich als Kleinkirche und Gemeinde wieder ein Stück Licht für die Welt und Sauerteig der Wahrheit und Liebe sein wollten. Hatte doch Gott tatsächlich am Anfang der Menschheitsgeschichte einen kosmischen Bund mit Noach geschlossen, der dann in den Bund mit Moses und seit Christus in den mit dem *»neuen Volk*

Gottes« mündete. Aber hatte deshalb der kosmische Bund Gottes mit der Welt aufgehört zu bestehen?

Wenn er weiter bestand – welcher Auftrag ergab sich für christliche Kirchen und Gemeinden daraus? Jede Ökumene auf Eis zu legen um klar und sauber formulierter »Wahrheiten« willen? Sich gegenseitig der besonderen Berufung und Auserwählung zu brüsten und jede Tuchfühlung mit anderen zu meiden, die angeblich in größerer Gottesferne lebten, weil sie zum Teil sogar vom »wahren Glauben« abgefallen waren? Also das Unkraut vom Weizen trennen, weil die einen sich einredeten, mehr »Weizen« zu sein als die anderen? Dies wäre die Anmaßung, die Zeit der Ernte betreiben zu dürfen, obwohl sich diese Zeit der Herr allein vorbehalten hatte (vgl. Mt 13,30).

»Er ist … der Erstgeborene der ganzen Schöpfung«, hatte Paulus an die Kolosser geschrieben. »In ihm hat alles Bestand. Er ist das Haupt des Leibes, der Leib aber ist die Kirche. Er ist der Ursprung, der Erstgeborene der Toten; so hat er in allem den Vorrang. Denn Gott wollte mit seiner ganzen Fülle in ihm wohnen, um durch ihn alles zu versöhnen. Alles im Himmel und auf Erden wollte er zu Christus führen, der Friede gestiftet hat am Kreuz durch sein Blut« (vgl. Kol 1,15.17–20).

Offensichtlich kam es in den Gemeinden und Kleinkirchen also zuerst darauf an, alle Möglichkeiten und Wege zu erkunden, um die *Glaubwürdigkeit der Liebe Gottes* zu allen Menschen zu bezeugen. Auf das Zeugnis also kam es an, nicht auf das dröhnende Erz oder die lärmende Pauke, die bei aller Rechthaberei und Orthodoxie versäumten, die Wege Gottes mit uns Menschen zu erforschen, zu bezeugen und vor allem kirchlich zu ermöglichen.

Wir versuchten diese langsam und allmählich zu ermöglichen. Die Gedanken und Motivationsgefüge wurden stark genug, daß *drei Gruppen* mit je sechs bis acht Personen gebildet werden konnten, die sich an die Vorbereitung der regelmäßig stattfindenden Wortgottesdienste machten. Dabei erwiesen sich die Zeiten der Vorbereitung für die Gruppen selbst schon als anregend, ideenreich, schöpferisch, ermutigend und zum Teil als begeisternd im Sinne der Erfahrung der »Geistesanwesenheit«. Wo das Wort Gottes wirklich in menschliche Gedanken, Wünsche, Sehnsüchte, Zweifel und Ängste »hineinfiel« – da brauchte man den Heiligen Geist offensichtlich nicht mehr von der Kanzel aus zu beschwören und herbeizupredigen. Da war er einfach da und erfüllte die Herzen und Gesinnungen der Versammelten, zumal in den Zeiten der Vorbereitung die Gruppen selbst immer schon die Lieder sangen, die Gebete beteten und die Texte laut lasen, die später den Wortgottesdienst prägen sollten.

Vielleicht läßt sich die allmähliche *Mentalitätsveränderung in der Gemeinde,* die sich auf ihre eigenen Füße gestellt hatte und sich ihrer eigenen Fähigkeiten immer mehr bewußt wurde, in einer Geschichte zusammenfassen. Eine Gruppe hat sie einmal während eines Wortgottesdienstes erzählt und mit eigenen Worten erläutert. Damals wurde sie von vielen als klassische Darstellung der Texte verstanden, in denen die Heilige Schrift *Gemeinde und Kirche als lebendigen Leib* mit vielen funktionierenden Gliedern umschreibt. Die *Geschichte* stammt aus Afrika. Sie handelt von einem *Adler.*

Ein Mann hatte im Wald einen jungen Adler gefangen. Er nahm ihn mit nach Hause und steckte ihn zusammen mit den Hühnern, Hennen, Enten und Truthühnern in den Hühnerhof. Zusammen mit den übrigen Tieren wuchs er auf. Eines Tages kam ein tierkundiger Besucher in den Hühnerhof. Als er den großen und starken Adler sah, sagte er: »Dieser Vogel dort ist kein Huhn, er ist ein Adler.« – »Ja«, sagte der Mann, »das stimmt. Aber ich habe ihn zu einem Huhn erzogen. Er ist jetzt kein Adler mehr, sondern ein Huhn, auch wenn seine Flügel drei Meter breit sind.« –

»Nein«, sagte der andere. »Er ist noch immer ein Adler, denn er hat das Herz eines Adlers. Und das wird ihn hoch hinauffliegen lassen in die Lüfte.« – »Nein, nein«, sagte der Mann, »er ist jetzt ein richtiges Huhn und wird niemals fliegen.«

Darauf beschlossen sie, eine Probe zu machen. Der naturkundige Mann nahm den Adler, hob ihn in die Höhe und sagte beschwörend: »Der du ein Adler bist, der du dem Himmel gehörst und nicht dieser Erde: Breite deine Schwingen aus und fliege!« – Aber der Adler schaute sich um, sah hinter sich die Hühner nach ihren Körnern picken, und sprang zu ihnen hinunter. Der Mann fühlte sich bestätigt: »Ich habe dir gesagt, er ist ein Huhn und kein Adler.« – Am nächsten Tag versuchte es der tierkundige Besucher zum zweiten Mal, er stieg mit dem Adler auf das Dach des Hauses. Aber auch diesesmal erblickte der Adler die scharrenden Hühner im Hühnerhof, sprang zu ihnen hinunter und scharrte mit ihnen. – Am dritten Tag ging der naturkundige Mann mit dem Adler hinaus aus der Stadt, weit weg von den Häusern an den Fuß des Berges. Die Sonne stieg gerade auf und vergoldete den Gipfel des Berges. Als der Adler wieder nicht fliegen wollte, ließ ihn der Mann direkt in die Sonne schauen. Der Adler blickte umher, zitterte, als erfülle ihn neues Leben. Plötzlich breitete er seine gewaltigen Flügel aus, erhob sich mit dem Schrei eines Adlers, flog höher und kehrte nie wieder zurück. Er war ein Adler, obwohl er wie ein Huhn aufgewachsen und gezähmt worden war!

Seitdem wir uns diese Geschichte vergegenwärtigt haben, sind wir uns darüber klar geworden, daß *wir kein Zufallsprodukt* sind: weder einer kosmischen Evolution noch einer kirchenamtlichen Vorherbestimmung noch einer klerikalen Gängelung. Wir wußten uns als Schöpfungstat Gottes mitten in sein erlösendes Geschehen hineingestellt und dazu berufen. Wir kamen uns nicht mehr als Entlassene aus eigener Verantwortung vor, sondern als »Weg Gottes« in die

Welt. Wir mußten uns als Gemeinschaften auf langsames Reifen einlassen und auf wachsende Freiheit, die zur menschlichen Würde führt und zur Übernahme von Aufgaben, die dieser Würde entsprechen. Denn menschliche Würde kann in nichts Besserem bestehen als in »schöpferischer Ebenbildlichkeit«, d. h. am Teilnehmen des Menschen – seiner Gaben und Grenzen – an Gottes schaffendem und erlösendem Wirken.

Die Feier der Sakramente – Feste der Gemeinschaft

Immer wieder beim Lesen in der Bibel sind uns dieselben Fragen gekommen: War das alles wahr, was da geschrieben steht? Handelte es sich hier um Berichte, die historische Ereignisse genauso festhalten, wie sie sich ereignet haben?

Der Evangelist Lukas berichtet zum Beispiel genau über Ort und Zeit der Geburt Jesu (2, 1–20). Er spricht von den Hirten, die auf freiem Feld Nachtwache bei ihrer Herde hielten. Da trat der Engel des Herrn zu ihnen und verkündete ihnen die Botschaft von der Geburt Christi. Zum Engel gesellte sich ein »großes himmlisches Heer« von Engeln, das Gott lobte und Frieden den Menschen »seiner Gande« verkündete...

An anderen Stellen des Evangeliums wurden wir zu denselben Fragen ermutigt. Markus (6, 45–52) erzählt die Geschichte, wie Jesus auf dem See wandelte. Wie konnte jemand auf dem Wasser gehen? Von früher her waren wir es gewohnt, solche Begebenheiten als Wundertaten Gottes anzusehen. Weil wir nicht verstehen konnten, daß ein Mensch über das Wasser zu gehen vermag, »glaubten« wir einfach. Denn Glaube bedeutete ja »nicht wissen« und »nicht verstehen«, sich einfach einlassen auf das, was da als »Wunder« angesehen wurde.

Aber da gab es eben doch immer auch die Zweifler mit ihrem »technischen Verstand«, die noch präzisere Schwierigkeiten einbrachten. Wenn man die Engel wirklich sehen konnte, wenn es wirklich das Wandeln Jesu auf dem See gab – dann hätte man diese Szenen doch auch fotografieren können. Damals gab es leider noch keine Fotoapparate. Aber wenn es sie gegeben hätte, bräuchte man das heute nicht mehr zu »glauben«, weil es ja Schwarz auf Weiß zu sehen wäre.

Und dann waren da noch einige von uns, die Genaueres über den *Auferstehungsglauben bei anderen nicht-christlichen Völkern* und in fremdländischen Kulturen gelesen hatten. Nach deren Information scheint seit Menschengedenken bei vielen eine uralte Sehnsucht und Hoffnung lebendig gewesen zu sein, daß das Mensch-sein nicht aus flüchtig zusammengefügten Zufälligkeiten und hinfälliger Vergänglichkeit bestehen möge. In der Abwehr des Gedankens, daß unser menschliches Leben nichts anderes sei als ein unwirklicher Traum, eine zufällige Laune des Schicksals oder ein flüchtiges Spiel der Natur, haben die *alten Ägypter* klar und eindeutig den Glauben an das Leben jenseits des Todes in Zeugnissen festgehalten. Auch große *Teile des Judentums* vertraten den Glauben an das Fortleben bzw. Weiterexistieren nach dem Tod...

Diese uralte Auffassung und Überzeugung hat *Jesus* aus dem Erbe seiner Väter aufgegriffen und gegen diejenigen verteidigt, die nichts davon wissen wollten. Er hat den Glauben an die Auferstehung schon zu Lebzeiten dadurch deutlich gemacht, daß er gegen Krankheiten und Tod »Wunder« wirkte. Wie auch immer die Wunder geschahen bzw. gedeutet wurden – durch sie schuf Jesus Vertrauen in das Leben. Er wollte Menschen zum vertrauensvollen Leben gegen den Tod verhelfen. Dabei hat er den Glauben an die Auferstehung, den auch die Ägypter und Juden vertraten, an seiner Person »festgemacht«. »Ich bin die Auferstehung und das Leben. Wer an mich glaubt, wird leben, auch wenn er stirbt...« (Joh 11,25).

Im Evangelium wird also Jesus selbst in die Mitte seiner Botschaft gestellt. Diese ist eine einzige Aufforderung zum Leben und gegen den Tod. Mit Jesu Heilswirken ist *das ewige Leben nicht in ferne Zukunft* gerückt, sondern hat heute schon seinen Anfang genommen. Wo Menschen in Todesängsten schweben, wo sie den Willen zum Leben zu verlieren drohen, wo eine gefährliche Isolierung sie belastet, wo schier unlösbare Bedrängnisse das Leben verdunkeln, da sollen sie die Erfahrung machen, daß Gott in der Person Jesu gegenwärtig ist in ihrer Not.

Gott ist ein geschichtsmächtiger Gott. Er lebt und wirkt in der Zeit – seit Jesus überall da, wo Menschen in seinem Namen versammelt sind (Mt 18,20). Dabei will er zu persönlichem Leben verhelfen, Beistand sein bei der Bewältigung all der großen Bedrängnisse, die das menschliche Leben bestimmen. Denn das menschliche Leben steht in einem »höheren« Zusammenhang, ist eingebunden in ein von Gottes Initative ausgehendes Schöpfungs- und Erlösungsgeschehen. Deshalb tut auch Jesus, in seinen Worten und Taten, im Grunde nichts anderes als die anscheinend zufällige und sinnlose Lebensgeschichte von Menschen aufzuwerten und hineinzuholen in ein neues Werden. Überall da, wo Sterben und Tod herrschen, sollen diese nur Anlaß sein zu neuem Leben – letztlich zur Fülle des Lebens. Denn »ich bin gekommen, daß sie das Leben haben und es in Fülle haben« (Joh 10,10).

Wenn wir bei unseren Zusammenkünften über viele unserer menschlichen Lebenssituationen sprachen, wie sie auch zur Zeit Jesu nicht wesentlich anders waren, wurden ursprünglich *primäre Fragen* immer mehr *zweitrangig*. Allmählich war es nicht mehr so wichtig, ob die Engel auf Betlehems Fluren oder der auf dem See wandelnde Jesus wirklich hätten fotografiert werden können. Es schien sogar für den Glauben weniger entscheidend, ob sich die Auferstehung Jesu – in welcher Form und von welchem Evangelisten sie auch immer überliefert war – in dieser unserer Erdenzeit »wirklich«, d. h. historisch, räumlich und zeitlich genau feststellbar, ereignet hat.

Freilich, auch die elf Apostel hatten den Emmausjüngern

zugerufen: »Der Herr ist wirklich auferstanden« (Lk 24,34). Deshalb sollte auch von uns das Faktum des Ostergeheimnisses nicht in Frage gestellt oder geleugnet werden, zumal alle Zeugen des Neuen Testaments dessen Tatsächlichkeit überzeugend bekunden. Aber viel wichtiger wurde uns doch die andere Erfahrung, daß Jesus eine Antwort geben wollte auf alle großen Themen unserers Daseins. Seine »frohe« Botschaft bestand offensichtlich darin, daß er die tief im Menschen verankerten Ahnungen, Hoffnungen und Sehnsüchte erfüllen wollte. Menschen zu seiner Zeit hatten die reale Erfahrung gemacht, daß das Heil sich faktisch in dieser Zeit ereignet, bevor es im Jenseits zu seiner Vollendung kommt.

Bevor also vom »Jenseits« überhaupt die Rede war, setzte Jesus Zeichen in der Zeit, die das gegenwärtige Heilshandeln Gottes deutlich machten. Den Zeiten der Sünde, des Versagens, der Unterdrückung und Minderwertigkeit, der Not und der Verzweiflung setzte er die rettende Alternative entgegen: Wo Dunkelheit, da ist Licht, wo Verzweiflung, da ist Hoffnung, wo Tod, da ist Leben, wo »nur« das Menschliche, da ist Gott. Durch Jesu Taten sollten das Ewige und das Göttliche nicht mehr zweideutig vom anderen Ufer der Zeit her winken, sondern sie ereigneten sich im menschlichen Milieu, wurden Wirklichkeit in der Lebensgeschichte des einzelnen, machten Menschen zu Weg- und Schicksalsgefährten.

Gewiß: Wir haben lange gebraucht, bis wir den zutiefst menschlichen Sinn der Worte und Taten Jesu erkannten, und fähig wurden, unser Fragen nach »historischen Tatsachen« hintanzustellen. Die süßen Bilder von den Engelchen unserer Kindheit waren uns zu vertraut und lieb geworden, der Wandel Jesu auf dem See zu plastisch vorstellbar und die Verwandlung des Wassers in den Wein auf der Hochzeit zu Kana zu sympathisch. Wir hatten die Bilder und Geschichten unserer Kindheit zu sehr verinnerlicht, um leicht von ihnen Abschied nehmen oder um sie als zweitrangig ansehen zu können. Bei uns Erwachsenen fungierten sie vielleicht sogar als Verdrängungsmechanismen gegenüber dem Ernst einer Botschaft, die es im Hier und Heute zu aktualisieren galt. Denn die *niedlichen Bilder* waren uns vertrauter als der *Realismus des Evangeliums,* der uns mit konkreten Lebensaufgaben betraute bzw. uns das Leben selbst als Aufgabe stellte.

So hat uns der Abschied vom Glauben unserer Kindheit viel Zeit, Mühe und manche Auseinandersetzungen gekostet. Schließlich haben wir es aber doch gelernt, in der Bibel eher Bilder der Hoffnung und Sehnsucht zu finden, die in den Tiefen unserer Seele schlummern und denen von Christus her eine neue Verheißung zugesprochen wird. Das machte uns auf der einen Seite sehr frei, stellte uns aber auch in eine gemeinsame heilsame Verantwortung.

Dabei mußte sich auch die *Art unserer Frömmigkeit* ändern. Bisher hatten wir eine Frömmigkeit praktiziert, die vom Gedanken der Ordnung bestimmt war. Denn Ordnung mußte sein, auch im religiösen Leben. Deshalb hatten wir uns an bestimmte Gesetze und Weisungen geklammert, so wie wir sie gelernt hatten. Vermutlich hatte auch die Angst vor Verurteilung durch andere und vor dem eigenen inneren Chaos dabei eine große Rolle gespielt. Zudem gab es die Traditionen, Institutionen, Vorschriften und Anweisungen, die Unsicherheiten verdrängten und nach denen alle handelten. Sie waren zu einer großen Macht der Gewohnheit geworden.

Durch sie herrschte sozusagen der Terror des Allgemeinen über das Besondere. Prinzipien waren meist wichtiger als der konkrete Mensch in seiner konkreten Situation. Dieser war eher innerhalb theologischer bzw. ideologischer Systeme angesiedelt und wurde als »Teil« von ihnen angesehen. Deshalb galt auch die Berufung der Gläubigen auf ihr Gewissen und auf eine persönlich verantwortete Gewissensentscheidung nicht viel oder gar nichts. »Wo kämen wir denn hin, wenn jeder sein Gewissen zum Maßstab machte?« lautete die Devise.

So waren wir alle nicht besonders darin geschult, ein Gewissen zu haben. Wir hatten es an das Lehramt delegiert, und dieses hatte die Entmündigung der einzelnen mit Eifer vorangetrieben. Nun standen wir in der Freiheit gegenüber uns selbst. Das freie Reden über all das, was uns innerlich und äußerlich beschäftigte, den Mut, in eigener Entscheidung und Verantwortung Antworten zu suchen jenseits der Grenzen, die uns Gesetz, Druck, Strafe und Gewohnheit gesetzt hatten – alles das mußten wir erst langsam lernen. Dabei sahen wir uns sogar mit der Möglichkeit konfrontiert, zwischen Himmel und Hölle, zwischen Heil und Untergang, zwischen Leben und Tod selbst wählen zu können. Unter uns wuchs ein bisher unbekanntes Gefühl größerer eigener Verantwortung und Bedeutung, das uns – allen Schwierigkeiten zum Trotz – immer mehr zusammenwachsen ließ. Unter uns ging es nicht mehr darum, ob jemand alt oder jung, Mann oder Frau, katholisch oder protestantisch war. Es gab nur die Priorität des Evangeliums und seiner Weisungen, alles andere war ihr unterzuordnen.

Hilfreich dabei war uns der Apostel Paulus. Er hatte schon von den verschiedenen Faktoren gesprochen, die dem Aufbau der Gemeinden dienen, und was dem »Reich Gottes« am meisten den Weg bereitet (Röm 14). So ging es wohl darum, alles im Sinne der Wahrheit, Gerechtigkeit, Liebe und Güte zu ordnen. Es stand aber keineswegs zur Diskussion, immer nur oberflächlich »Friedfertigkeit« zu demonstrieren. Auch Paulus war Petrus, der »Fels« war und sein sollte, schon offen und freimütig entgegengetreten, »weil er sich ins Unrecht gesetzt hat« (Gal 2,11). Wo es um das Evangelium ging, da konnten Probleme und Sorgen nicht einfach unter den Teppich gekehrt werden. Ganz in der Tradition des Paulus stehend, hatte Kardinal John Henry Newman im 19. Jh. sogar die Devise ausgegeben: »Zuerst das Gewissen, dann der Papst.« Das Gewissen selbst dann, wenn es irrig war.

Wenn wir so versuchten, unser Glaubensleben je nach unseren »Charismen« und »Grenzen« in eigener Verantwortung neu zu ordnen, mußten wir freilich auf der Hut sein vor *zwei Gefahren,* denen auch frühere Christengemeinden bereits erlegen waren. Wir mußten *zunächst* darauf achten, nicht ein Club von Gleichgesinnten zu werden, die unangenehme Mitglieder der Gemeinschaft nicht mehr zu Wort kommen lassen, um nur noch Mitläufer zu dulden. Was allzu schnell zu einer Herabsetzung anderer mit einer anderen Meinung wird, was bei den einen vorschnell als Zweifel an der Gläubigkeit anderer auftaucht, als Unterstellung, als Verleumdung, als Haß und selbstgerechtes Urteil, konnte ja durchaus auch die eigene bemerkenswerte Unfähigkeit sein, sich in andere hineinzudenken.

Um eine Gemeinde von Gläubigen zu werden mit »einem Herzen und einer Seele« (Apg 4,32), mußten die Einigkeit im Geist des Evangeliums immer wieder gesucht und gefunden werden. Denn die Art und Weise, wie Christen miteinander umgehen, hat fundamental etwas mit der Güte und Menschenfreundlichkeit Gottes zu tun, die – wenn auch nur fragmentarisch und vorläufig – in der Welt stets nach Verwirklichung und Aktualisierung verlangt.

Aber da gab es noch eine *zweite Gefahr,* der meistens die Sekten erlegen waren. Sie bestand in der Tendenz, neue Glaubensartikel und Dogmen zu schaffen und damit »Unfehlbarkeit« für sich in Anspruch zu nehmen. Gewiß, wo auch die »unfehlbare Kirchenleitung« von dem in Inhalt und Form klar abgegrenzten Dogma der Unfehlbarkeit abrückte, mußte ihr eindeutig widersprochen werden. Sie mußte auf ihre »Fehlbarkeit« hingewiesen werden, wovon sie ja auch im Laufe der 2000jährigen Geschichte reichlich Gebrauch gemacht hatte. Aber wir durften nicht in denselben Fehler wie die Sekten verfallen. Erasmus von Rotterdam († 1536) hatte schon zu seiner Zeit gesagt: »Die Glaubensartikel wachsen, aber die Liebe nimmt ab.«

Bei uns durfte es nicht mehr so weit kommen. In dieser neuen Form von »Kirche«, d. h. in der Gestalt und auf dem Boden der vielen Haus- und Kleinkirchen, die im Entstehen waren, stellten sich nicht neue oder alte Glaubensartikel als Hauptaufgabe, sondern die Lebensform. Spannungen mußten ausgehalten werden. Die Spannung der Einheit in der Vielfalt. Denn Gottes Wirken in der Welt und in den Menschen ist offensichtlich zu vielfältig, um theologisch und kirchenamtlich – uniformistisch eingeengt zu werden.

Andererseits durfte die Vielfalt der Ausdrucksformen des Glaubens nicht zu Polarisierungen führen, aufgrund derer die einen von den anderen zu Ungläubigen, Nestbeschmutzern und Außenseitern abgestempelt werden. Während christliche Vergangenheit einen Überschuß an Glaubensartikeln produziert hatte – darin bestand ihre Leistung, wenn sie oft auch zu »Streitartikeln« geworden waren –, ging es in Zukunft vielmehr um die Glaubwürdigkeit eines Zeugnisses, welches weniger auf dem Boden einheitlicher Glaubensdefinitionen als vielmehr in der Dynamik von Begegnungen und Kontroversen möglich werden mußte. Schließlich durch die stets zu suchende und zu findende Orientierung an der Lebenspraxis Jesu. Die Zeit war überreif geworden, daß Christen sich gegenüber der Welt bewährten durch ein Höchstmaß an Toleranz und gegenseitiger Akzeptanz. Nur das missionarische Zeugnis der Liebe war gleichzeitig dazu angetan, kirchliche Gemeinschaften selbst immer wieder von eigenen Schwächen und Mängeln zu befreien.

Es war also gar nicht so leicht, eine »Kleinkirche« zu werden, die bei aller Einigkeit und bei allem Streit immer wieder an dem einen Ziel festhielt, »ein Herz und eine Seele zu werden« (Apg 4,32). Dazu haben uns insbesondere Aufgaben verholfen, die uns immer wieder veranlaßten, unsere eigenen Grenzen aufzubrechen und unseren Horizont zu erweitern. Vor allem die »priesterlose Zeit« war davon bestimmt gewesen, herkömmliche »priesterliche Aufgaben« selbst zu übernehmen.

Als erstes stand da *die Taufe* zur Diskussion. Gewiß, die Frage nach dem Spender der Taufe hatte sich in der Vergangenheit immer schon gestellt. Es war immer die Rede davon gewesen, daß jeder Getaufte einem anderen Menschen die Taufe spenden kann. Sogar jeder Ungetaufte, sofern er dabei die Absicht hat, »das zu tun, was die Kirche tut«. Und die Kirche hatte bei der Taufe die Absicht, Menschen in den Stand der Gnade zu versetzen und in eine lebendige Gemeinde von Gläubigen einzuführen. Wenn theoretisch also jeder taufen konnte, so hat de facto doch immer nur der Klerus getauft. Der Spender der Taufe mußte wenigstens Diakon sein.

Im Laufe der Zeit aber entfielen mehr und mehr die alten Voraussetzungen. Zuerst gab es keine Priester mehr, oder sie standen nur noch ganz selten während eines Kirchenjahres zur Verfügung. Außerdem erwiesen sich die früheren Pfarrgemeinden eher als Sozialformen einer spätmittelalterlich-bürgerlichen Gesellschaft, die in einer inzwischen völlig säkularisierten Welt ein Ghetto-, Diaspora- oder Inseldasein ohne Ausstrahlung und Bedeutung führten. Die Kindertaufen erweckten deshalb sehr oft den Anschein eines bloßen Rituals ohne Lebensgehalt, ohne vorhergehende oder nachfolgende Bestätigung durch den gelebten Glauben von Eltern und Angehörigen. Denn diese brachten ihre Kinder vielfach nur deshalb zur Taufe, weil es »Tradition« war und weil es noch zum guten Ton gehörte.

Die offizielle Kirche hat, solange es noch eben ging, die Taufe und den Glauben der Eltern dadurch zu »retten« oder zu erneuern versucht, indem sie *»Taufgespräche«* einführte. Die Eltern der Täuflinge mußten also an einem Abend oder Nachmittag mit dem Taufspender ein »Taufgespräch« führen – eine Maßnahme, von der man heute nicht mehr recht weiß, ob sie bei den Eltern oder beim Taufspender ein größeres Gefühl des Unwohlseins und der Frustration erzeugte.

Denn es stellte sich heraus, daß die Eltern ihre Haltung der Religion gegenüber nicht änderten. Es verstärkte sich eher das ungute Gefühl bei denen, die in ihrem Terminkalender immer wieder das Stichwort »Taufgespräch« vorfanden. Außerdem waren die Taufgespräche eine kirchenamtliche Maßnahme gewesen, die das Lebensgefühl der betroffenen Eltern wenig tangierte. Denn sie verbanden ihr Bewußtsein, daß die Taufe ihres Kindes noch »irgendwie« dazu gehört, keineswegs mit der Absicht, ihre zur Selbstverständlichkeit gewordene Kirchenabstinenz in irgendeiner Weise aufzugeben. Die »Taufgespräche« boten auch keinerlei Anlaß dazu. Sie konnten zwar sehr gut verlaufen, sie konnten auch den Eindruck hinterlassen, zum ersten (und zum letzten?) Mal im Leben einem sympathischen und aufgeschlossenen Vertreter der Kirche begegnet zu sein, auch die Taufe selbst konnte »schön«, »feierlich« und »ansprechend« gewesen sein ..., aber damit war noch kein Kontakt zum Leben der Gemeinde geschaffen worden. Auch zur »Kirche« nicht, zu der man entweder noch nie einen Zugang bekommen oder mit der man – aus welchen Gründen auch immer – den Kontakt abgebrochen hatte. Außerdem verstärkten die »Taufgespräche« den Eindruck, daß »Kirche« identisch sei mit »Pfarrer« und »Amtsperson«. Dieser Eindruck wurde auch dadurch nicht verhindert, daß die Taufe selbst während eines Sonntagsgottesdienstes oder unter der Anwesenheit einer Schulklasse oder Kindergruppe gespendet wurde.

Vor allem die priesterlose Zeit und bei uns die Ermutigung durch den Bischof haben dazu geführt, die Taufkompetenz in die Hände der Klein- und Hauskirchen zu legen. Wenn also ein Kind aus unseren Familien oder aus unserer Nachbarschaft getauft werden soll, laden wir die Eltern, Paten oder auch sonstige Verwandte und Freunde zu einigen unserer Treffen ein. Sie können sich also ein wenig mit uns zusammentun, uns kennenlernen, unseren Gesängen, Gebeten und Bibelgesprächen folgen bzw. sich daran beteiligen. Oft entwickelten sich dabei sehr interessante Gespräche über verschiedene und gemeinsame Lebenserfahrungen, verschiedene und gemeinsame Sorgen und Aufgaben.

Manchmal wissen wir dabei gar nicht, ob wir gerade vom »Leben« oder vom »Glauben« sprechen. Das eine geht in das andere über. Das Ja oder das Nein zu Gott, welches in theologischen Büchern oder herkömmlich kirchlich-religiöser Praxis immer wie eine Dualität erschien – hier das alltägliche Leben, dort »Glaube« –, hat bei konkreten Menschen, wenn sie es dazu kommen lassen, immer etwas mit einer Dimension und Fragestellung mitten im Leben zu tun. Und indem wir so miteinander Austausch pflegen, ist »Kirche« auch stets mit im Spiel, ohne daß davon überhaupt gesprochen werden muß. Denn die Kirche – das sind wir selbst.

So werden unsere *Taufbegegnungen* oft Anlaß zu intensiven Gesprächen, aus denen sich Freundschaften und dauerhafte Bande entwickeln – jedenfalls bei religiös Suchenden und Fragenden. Auf diese Weise stoßen zu unseren Kleinkirchen stets neue Mitglieder, auf die sich die Gruppe auch immer wieder neu einstellen muß. Wie auch aus anderen Hauskirchen zu hören ist, werden auf diese Weise die Treffen stets mit neuem Leben erfüllt. Letzteres spielt sich ab wie das Leben in der Natur. Es ist gekennzeichnet vom Rhythmus der vier Jahreszeiten, bei denen es keinen Sommer gibt ohne die Gewißheit des kommenden Herbstes, und keinen Winter ohne die Hoffnung auf den Frühling. Jedenfalls ereignet sich bei unserer Praxis der Taufbegegnungen das, was die *Liturgiekonstitution* des 2. Vatikanischen Konzils gefordert hatte: »Die Sakaramente sind hingeordnet auf die Heiligung des Menschen, den Aufbau des Leibes Christi und auf die Gott geschuldete Ehre« (Nr. 59).

So gestalten sich auch die Tauffeiern. Sie werden »Zeichen des Heils«, weil sie »Feiern der Gemeinschaft« sind, und als solche sind sie auch »Lobpreisung Gottes«. Diese *drei Forderungen* des Konzils gehören untrennbar zusammen. Manchmal, wenn es nicht anders geht oder gewünscht wird, wird die Taufe im Zusammenhang eines Treffens unserer »Hauskirche« gespendet, und zwar von jemandem, den wir dazu bestimmt haben.

Einige Male während des Jahres – zum Beispiel an Ostern – kommen aber auch mehrere Hauskirchen zu einer großen Gemeinschaft zusammen. Dann werden mehrere Kinder getauft, und im Anschluß daran findet ein großes Fest statt. Der Spender des Sakramentes bei einem solchen Treffen ist gewöhnlich derjenige, der als »Bindeglied« und »Mittler« zwischen den Hauskirchen fungiert, diese immer wieder besucht und zu gemeinsamen Veranstaltungen und Aktionen ermuntert. Das ist gewöhnlich ein Mann oder eine Frau, die sich als gute Vermittler bewährt haben und das Vertrauen einer möglichst großen Mehrheit besitzen. Von allen sind sie gewählt und unter Zustimmung des Stadtbischofs in ihr einheitstiftendes Amt eingeführt worden.

Unter den drei Aspekten, die das Konzil genannt hatte, werden übrigens auch *die anderen Sakramente* gefeiert. Die *Firmung* wird meistens vom Bischof gespendet, obwohl eine alte Vorstellung der früheren Kirche bei uns durchaus wieder lebendig geworden ist. Mittelalterliche Kanonisten waren nämlich der Auffassung gewesen, daß jeder eine Weihe, die er selbst schon empfangen hatte, auch weitergeben könne.

Zwar hatte diese Meinung in der Tradition und Geschichte keine Stütze gefunden. Das ist auch begreiflich, wenn man bedenkt, daß es sich damals noch um ein »christliches Abendland« handelte. Inzwischen leben wir jedoch in einer radikal nach-christlich gewordenen Welt, in einer jahrtausendelang nicht gekannten Diasporasituation.

Dies hat sich auch auf die Spendung der anderen Sakramente ausgewirkt. Zum Beispiel ist in unseren Kleinkirchen auch wieder das üblich geworden, was frühere Jahrhunderte mit »*Laienbeichte*« bezeichneten. Wie schon oft angedeutet, sind unsere Kleinkirchen nicht sonderlich »gesegnet« mit »Friedhofsstille« und »Grabesgesang«. Wo Menschen zusammen sind, da »menschelt« es immer. Und ein Leben in Gemeinschaft, wenn es lebendig bleiben und Zukunft haben will, bedarf immer wieder der Versöhnungsbereitschaft, des Sünden- und Schuldbekenntnisses ihrer Mitglieder. Was in den »besten Familien« vorkommt und was Kinder gewöhnlich meisterhaft beherrschen – sich streiten und sich wieder versöhnen –, wird langsam auch bei uns wieder zu einer Selbstverständlichkeit. So bekennen wir uns oft freimütig unsere Vergehen und persönlichen Sünden, die meistens so viel mit uns selbst zu tun haben, daß sie in keinem der früheren »Beichtspiegel« zu finden sind.

Die Frage ist dann immer wieder: Wie, wo und wann vergibt uns Gott unsere Schuld? Wenn wir uns und unseren Schuldigern vergeben? Der »Laienbeichte«, die von ca. 800 bis 1300 in der Ostkirche und von ca. 1000 bis 1500 in der Westkirche praktiziert wurde, hatte Thomas von Aquin mit anderen Theologen »eine Art sakramentalen Wert« zugesprochen, wenn auch »die eigentlich sakramentale Lossprechung und Auferlegung der Buße« durch einen Priester fehlte. Man begründete diese Form der Beichte entweder mit der persönlichen Heiligkeit des Spenders oder auch aus dem allgemeinen sakramentalen Charakter der Kirche. Als »Leib Christi« und als »Ursakrament« wurde diese aufgefaßt als ein fruchtbarer Boden, auf dem dank der Macht Gottes die einzelnen Sakramente gedeihen konnten. Schließlich ist Gott in jedem Bruder und in jeder Schwester dem anderen geheimnisvoll gegenwärtig, so daß er oder sie auch eine Mittlerschaft zwischen Gott und dem Nächsten zu praktizieren vermag. Und jede Gemeinschaft, die der dauernden Erneuerung und Wiederherstellung bedarf, muß nach Verfehlungen auch immer wieder für Gottes Anwesenheit in der Gemeinschaft Sorge tragen.

Besondere Bande der Gemeinschaft haben sich auch zu den *Kranken* und *Schwachen* gebildet. Wie in den ersten christlichen Jahrhunderten der Verfolgung ist es wieder Selbstverständlichkeit geworden, die Kommunion zu den Kranken und Gefangenen zu tragen. Manche Mitglieder unserer »Hauskirchen« behalten auch die Kommunion zu Hause und teilen sie während der Woche oder während des Monats an kranke Gläubige aus. Bisweilen finden im Zusammenhang der Krankenkommunion auch Feiern der *Krankensalbung* statt. Dann nehmen einige von uns, wenn sie im Krankenzimmer stattfindet, daran teil. Uns ist es sehr wichtig geworden, daß wir die Kranken regelmäßig besuchen, sie trösten und sie im Glauben stärken.

Unser *»christlicher Humanismus«* besteht darin, in der Gemeinschaft das Leben zu lernen und im Kontakt mit Kranken das Sterben. Schließlich sind die Sakramente nichts anderes als die Zeichen, die uns an Seine Geburt, an Seinen Tod und Seine Auferstehung erinnern. Je mehr wir gelernt haben, das Leben in allen Vollzügen des Auf- und Niedergangs auszuloten, desto intensiver ist uns der Glaube ein »leibhafter Glaube« geworden, der jede Theologie vom Kopf auf die Füße stellt und der jedes Sakrament im Leben der Gemeinschaft verankert.

Vergangenheits- und Gegenwartsbewältigung

Uns macht bei unserem Bestreben, in der Welt von heute einen »chistlichen Standpunkt« zu beziehen, ein seltsames Faktum immer wieder zu schaffen. Es besteht in der großen Sensibilität unserer Zeitgenossen für die Frage, ob das, was wir glauben, in der Lebensrealität auch »wirksam« wird. Oft wirft man uns eine Schizophrenie vor zwischen Anspruch und Wirklichkeit, so als habe sich bei uns der Virus eines Verbalismus eingeschlichen, der sich einredet, daß mit dem dauernden Wiederholen von Worten und Wahrheiten deren Umsetzung ins Leben bereits vollzogen sei.

Dieser »Fetischismus« von Worten und Werten ist uns besonders aufgegangen im Zusammenhang mit der Vorbereitung auf die *Firmung* von dreien unserer Mitglieder. Eines Tages kamen nämlich Thorsten (Kaufmann, 26 Jahre), Raimund (Student, 23 Jahre) und Rita (Apothekerin, 29 Jahre) und baten darum, in unserer Hauskirche auf die Firmung vorbereitet zu werden. Seitdem es den allgemeinen Religionsunterricht in der Schule nicht mehr gibt, ist es üblich geworden, die ernsthaft Interessierten möglichst in Kleinkirchen auf die Sakramente vorzubereiten, insofern sie sich wenigstens »auf Zeit« an deren Leben beteiligen. Manchmal sind sie schon lange Mitglied einer Gemeinschaft, wie z. B. Thorsten, der schon vor Jahren zu uns gestoßen ist. Raimund und Rita dagegen haben nur einen losen Kontakt zu uns gehabt und sind deshalb gekommen, weil sie sich für unsere gemeinsamen Treffen interessieren und sich schlicht als »religiös Suchende« verstehen.

Vor allem Raimund hat, als er zum ersten Mal zu uns kam, einigen Sprengstoff mit seinen Fragen geliefert. Als

Student der Literaturgeschichte hatte er sich immer auch ein wenig mit der Geschichte der Kirche beschäftigt. Dabei meinte er eine seltsame Diskrepanz festgestellt zu haben zwischen der Lehre der Liebe und den tatsächlichen Verhältnissen in ausgesprochen »christlichen« Zeiten, wie sie vor allem Autoren der neuzeitlichen Literatur immer wieder dargestellt haben. Einmal auf die Frage nach der Rolle der Kirche in früheren Jahrhunderten gestoßen, hatte er angefangen, die Literatur nach diesem Thema durchzustöbern.

Zuerst war er bei *Morris L. West* auf einen machtpolitischen Papst gestoßen, in dessen Gestalt und Lebensgeschichte sich das Bild widerzuspiegeln schien, welches er selbst sich im Laufe seiner Studien gemacht hatte. Im Roman *Lazarus* handelt es sich um einen religiösen Despoten, der im Laufe seiner eigenen Krankheitsgeschichte und zusammen mit wenigen seiner Freunde zur Erkenntnis kommen mußte, daß er ein ganzes Leben lang in einem System ausgebildet worden war, dessen Erhalter und Opfer zugleich er geworden war, das aber eines radikalen Wandels bedurfte. Indem er die Aufgabe der Reform der Kirche in Angriff nahm, mußte er die Erfahrung machen, daß sich ein solches, nach allen Seiten hin abgesichertes System auch von einem Papst nicht verändern ließ. Dazu reichten seine persönliche Bekehrung und »Neugeburt«, seine gereiften Erkenntnisse und seine neugewonnenen Überzeugungen nicht aus, zumal das System gegen das Evangelium stand und alle Kräfte der Restauration mobilisierte, um das Evangelium zu verhindern.

Was unsere Gruppe zunächst ziemlich durcheinander brachte, war die Tatsache, daß Raimund über vieles gut informiert zu sein schien. Er berichtete vom Cäsarenpapst Bonifaz VIII. aus dem 13. Jh. und Pius V. aus dem 16. Jh., die das Konzept der päpstlichen Macht über Menschen und deren Gewissen am extremsten definiert und am rigorosesten praktiziert hatten. Bonifaz VIII. († 1303) hatte – ganz nach dem Vorbild absolutistischer Imperatoren – sogar die Behauptung aufgestellt, daß »wegen der Heilsnotwendigkeit jedes Geschöpf dem römischen Papst untersteht«. Und Pius V. († 1572) hatte alle Herrschergewalt Gottes über Himmel und Erde auf sich selbst und das Papsttum übertragen. Damit hatte sich ein einziger Mann die Vollgewalt und Autorität Gottes angemaßt und sich als Herrscher über Fürsten, Könige und Mächtige erhoben, verbunden mit der Vollmacht, wie Gott entwurzeln, zerstören, auflösen, zerstreuen, pflanzen und bauen zu können.

Vor dem 16. Jahrhundert hattte es eine Apostolische Kanzlei gegeben, die sich um die Angelegenheiten der Weltkirche kümmerte, darunter auch um Fragen der Lehre. Daraus war unter Paul III. († 1549) das Heilige Offizium der *Inquisition* geworden, das zwar im Laufe der Jahrhunderte gelegentlich seinen Namen änderte, aber letztlich für viele Verbrechen verantwortlich blieb. Unter Sixtus V. († 1590), dem früheren Inquisitor von Venedig, wurde die Todesstrafe eingeführt für Diebstahl, Inzest, Zuhälterei, Ehebruch und Sodomie.

In ihrem autoritären und repressiven Charakter war die inquisitorische Einrichtung der Kirche nicht nur ungeheuer mächtig, sondern sie wurde auch Symbol für alle Skandale der Jahrhunderte: für die Hexenjagd, die Judenverfolgung, das Verbrennen von Ketzern und deren Büchern, die unheiligen Allianzen zwischen der Kirche und den Kolonialmächten während der großen Missionsepochen. Kein Wunder, daß sie – um »im Namen Gottes« zum Ziel zu kommen – geheimnistuerisch und vor aller Welt verborgen agierte.

Was Raimund in seiner persönlichen Lebensgeschichte zeitweilig völlig durcheinandergebracht hatte, war der Kontakt mit seinen Lehrern und mit anderen Studenten der Universität, von denen viele aus der Kirche abgedriftet waren, weil sie um solche kirchlichen Maßnahmen der Fehlbarkeit und Lieblosigkeit wußten. Diese seien letztlich auch verantwortlich gewesen für die späteren leeren Seminare in der zivilisierten und informierten Welt, für die Klöster ohne Postulanten, für die Kirchen mit alten Priestern und alternden Gemeinden, für die besonders fähigen und gutwilligen Männer und Frauen, die sich – frustriert von einer ihnen fremden Klerikerkultur – immer mehr abwandten und neue Wege versuchten. Dabei war ihm ein Zitat unter die Augen gekommen, welches er sich gemerkt hatte: »Es gibt keine Hoffnung auf eine Reform in der Kirche, es wird keine Wiederherstellung des Vertrauens zwischen den Gläubigen und der Hierarchie geben, wenn nicht und so lange nicht ein regierender Papst bereit ist, die Irrtümer seiner Vorgänger zuzugeben und ihnen abzuschwören«.

Warum war für die Amtskirche ein solches Eingeständnis so schwierig? Raimund hatte dieses Zitat auf eigene Weise verstanden und interpretiert. Für ihn war das Abschwören früherer Irrwege deshalb fast unmöglich geworden, weil man beim einfachen Volk dauernd den Eindruck erwecken und aufrechterhalten wollte, daß alles, was da »von oben« kam, unfehlbar sei – in der Praxis weit über den Rahmen und das Verständnis des Dogmas hinaus. So konnte man die Fehlbarkeit vergangener und gegenwärtiger Taten nicht offen zugeben. Eine solche Bekehrung zur eigenen Wahrhaftigkeit hätte Hand in Hand gehen müssen mit einer Maßnahme, die allein die herkömmliche Kirche hätte retten können, nämlich die konsequente Rückkehr zur zeichenhaften Praxis Jesu, notwendig verbunden mit der Preisgabe von herkömmlichen kirchlichen Positionen und Konstellationen, was unter der Macht der Verhältnisse wohl in den Bereich des Utopischen und völlig Unrealistischen angesiedelt werden mußte. Wieso sich auf Jesus besinnen, wo doch so manches in der Vergangenheit gewachsen war, welches sich in der Tradition bewährt hatte? Und konnte man sich nicht darauf berufen, daß der Geist Gottes der Kirche zu jeder Zeit zugesichert war?

Was Raimund und viele andere nicht verstehen konnten, war die Tatsache, daß man sich bei der Verteidigung des in der Vergangenheit gewachsenen Status quo stets auf das Wirken Gottes zu berufen verstand. Aber für die Zukunft traute man dem Geist Gottes nicht allzuviel Neues zu. Da berief man sich lieber auf Herkömmliches und Vertrautes, obwohl dauernd auch vom schöpferischen Wirken Gottes geredet wurde. Die Kraft, die Dynamik, die Vielfältigkeit des Wirkens Gottes – wozu sollte sie gut sein? Auf jeden Fall durften solche Eigenschaften Gottes nicht so verstanden werden, daß sie in den etablierten kirchlichen Strukturen etwas zu verändern beabsichtigten.

So war Raimund immer mehr – bewußt und unbewußt – mit dem Faktum vertraut gemacht worden, daß man von der Christenheit seit 2000 Jahren nicht ernstlich reden kann, ohne sich über deren Lebensgestalter und Lebenserhalter stets neu Rechenschaft abzulegen. Ihm war im Laufe seiner Studien bewußt geworden, daß die Kirche in ihren verschiedensten Formen und Ausprägungen seit Jahrhunderten die Heiligen und Sünder, Kluge und Verrückte, Grobiane und Schurken, Gute und Schlechte in ihren Reihen, bis in die oberste Spitze der Hierarchie hinein, überlebt hatte. Wie der Geist Gottes bereits im Alten Testament bezeugt wurde als einer, der schon vor der Erschaffung der Welt über den Abgründen von Wasser und Finsternis schwebte, so war er wohl auch über den finsteren Wassern der menschlichen Existenz anwesend geblieben. Und was das Wichtigste war: Er hatte sich immer wieder konkreter Menschen bedient, ohne anscheinend allzusehr auf Satzungen und menschliche Ambitionen – und waren sie noch so »amtlich« – Rücksicht zu nehmen. So hatte es der Geist Gottes wohl auch immer wieder fertig gebracht, Menschen anzuziehen – manchmal durch das sichtbare Zeugnis der Kirche, manchmal auch trotz ihres Zeugnisses.

Zu letzteren rechnete er sich selbst. Mehr oder weniger

auch die beiden anderen. Jedenfalls war es mit ihnen so weit gekommen, daß sie nach der Firmung verlangten, nach dem in Menschen schöpferisch wirkenden Geist Gottes, nach der Dynamik Gottes, die sich, über Paragraphen und Statuten hinweg, stets in Liebe mit Menschen und deren Gaben und Fähigkeiten zu verbünden verstand, um Schöpferisches zu wirken.

Aber wie war das eigentlich mit dem Heiligen Geist an Pfingsten? Wir haben bei dieser Frage manche Stellen aus dem Neuen Testament zu Rate gezogen. Zum Beispiel erschienen uns die sympatischsten Züge des Evangeliums nach Johannes (20,19–31) zunächst darin, daß es die Menschen so darstellt und schildert, wie sie wirklich sind.

Ohne zu dramatisieren oder zu beschönigen, spricht es die Wahrheit der Dinge aus. Das ist, menschlich gesehen, nicht selbstverständlich. Denn wir Menschen neigen dazu, je nach eigener Sicht oder Beurteilung entweder zu verharmlosen oder zu übertreiben. Und wenn es sich um Leute des öffentlichen Lebens handelt, um Persönlichkeiten der Politik, des Sports und der Kirchen, hängen wir ihnen gerne Titel und Ehrennadeln an. Dann wird ein hervorragender Sportler »super«, »Klasse« oder »Spitze«. Wir nennen Politiker oder kirchliche Würdenträger nicht mit ihrem Namen, sondern mit ihrem Amts- oder Ehrentitel. Sie werden dann Exzellenz, Eminenz, Hochwürden, Ehrwürdige Schwester oder Heiliger Vater – alles Titel, die im großen und ganzen den Eindruck erwecken, daß die so betitelten Personen keine eigentlichen Menschen mehr sind, sondern dem »Normalen« enthoben und von ihm abgehoben leben und agieren.

Von solchen, im Grunde unchristlichen Hervorhebungen haben wir im Evangelium nichts gespürt. Es sagt die Wahrheit auch über Menschen, die wir gerne auf hohe Sockel der Heiligkeit zu stellen bereit sind. Da ist *Thomas*, der wahrscheinlich während seines ganzen Lebens seine Zweifel im Glauben nicht losgeworden ist. Das Evangelium sagt freimütig und offen, daß Zweifel nicht im Gegensatz zur Nachfolge Christi stehen, sondern daß sie eher ein Motor zu sein vermögen zu neuem religiösen Fragen und Suchen. Auch die »vollmundig« und besonders mutig sich gebenden *Apostel der Osterzeit* werden im Evangelium bisweilen als Angsthasen und Feiglinge geschildert. Aus Furcht vor den Juden haben sie sich hinter verschlossenen Türen versammelt …

In die Mitte solcher Menschen, die das Evangelium so schildert, wie sie wirklich sind, tritt der auferstandene Herr und sagt zu ihnen mehrere Male: »Friede sei mit euch!« Das Wort vom Frieden ist nicht einfach eine Begrüßungsformel, so wie wir »Guten Morgen« oder »Guten Tag« zu sagen gewohnt sind. Wenn im Evangelium vom »Frieden« die Rede ist, wird etwas Umfassendes und Globales zum Ausdruck gebracht. *Zunächst* die Hoffnung, daß Gott am Ende des menschlichen Lebens und überhaupt der gesamten Heilsgeschichte die vollendete Welt wiederherstellen wird. Friede heißt also soviel wie endgültig heile Welt, endgültig von allem Unheil und allem Leid erlöste Welt.

Damit verbindet sich *zweitens* die Vorstellung, daß die erlöste Welt nicht einfach nur ein Werk der Zukunft ist, das sich später oder im Jenseits einmal ereignet, sondern schon jetzt, wenn auch noch so fragmentarisch, ihren Anfang nimmt. Deshalb fügt Jesus zu dem Wort vom Frieden noch hinzu: »Empfangt den Heiligen Geist.«

Der Heilige Geist ist der Inbegriff der schöpferischen und stets neu schaffenden Kraft Gottes. Der Heilige Geist ist derjenige, der die Welt und die Menschen zur Vollendung führt und Menschen beruft, dabei mitzuwirken. Wenn also Menschen den Heiligen Geist empfangen, dann sollen sie in dieser schöpferischen Kraft Gottes an ihrem Platz und nach ihren Möglichkeiten die Welt neu zu gestalten anfangen – sozusagen teilhaben und mitwirken an den Plänen Gottes, die die Vollendung der Welt, wenn auch auf langen und mühsamen Wegen, zum Ziele haben.

Einige aus unserer Kleinkirche hatten früher einmal gelernt, mit dem Text des Johannesevangeliums vom Heiligen Geist und der Sündenvergebung habe Jesus das Bußsakrament eingesetzt und damit ausschließlich bestimmten Menschen die Vollmacht der Sündenvergebung übertragen. Wir bekamen nun plötzlich die Gewißheit, daß *jeder*, der den Heiligen Geist empfangen hat und damit an der schöpferischen und in der Liebe alles erneuernden Kraft Gottes teilzuhaben fähig ist, in die Lage versetzt wird, »Sünden« zu vergeben. Das heißt: Er vermag all die Widerstände zu überwinden und aus der Welt zu schaffen, die das Werk Gottes zu verhindern oder zu verzögern drohen. Im Sinne der Vater-unser-Bitte »Vergib uns unsere Schuld, wie auch wir vergeben unseren Schuldigern« vermag jeder »Geistbegabte« und mit dem Geist Gottes Ausgestattete zerstörerische Sünden zu vergeben, wobei das Werk Gottes vorangebracht wird.

Gerade die Stelle von der *Sündenvergebung* wurde für uns Anlaß, unser Christsein in der Welt und unsere menschlichen Beziehungen untereinander neu zu definieren und tiefer zu verstehen. Da ist jemand, der sagt zu uns: Friede sei mit dir! Empfange den Heiligen Geist, und lasse Sünden nach! Was hatten wir bisher eigentlich mit diesen Fähigkeiten und Vollmachten gemacht oder auch nicht gemacht? In Ehen, Familien, Gruppen und an Arbeitsplätzen? Anstatt unser Christsein auf ein sonntägliches In-die-Kirche-Gehen einzuengen, sollen wir Gottes vollendete Welt durch Versöhnungsbereitschaft mitgestalten. Wir würden uns konkrete Anlässe vornehmen müssen, um jetzt damit zu beginnen ...

Aber für diejenigen von uns, die die Firmung empfangen wollten, stellten sich noch andere Fragen verschiedenster Art und Qualität. Im Anschluß an die Schilderung des Pfingstereignisses in der Apostelgeschichte (2,1–11) drängten sie sich auf: »Was ist eigentlich der Heilige Geist? Wie kann man ihn verstehen und erklären? In welchem Augenblick der Firmung kommt der Heilige Geist? Wie spürt man ihn?«

Damals an Pfinsten liefen ja die Leute auf der Straße zusammen; es erschienen der Versammlung im Saal zu Jerusalem Zungen wie von Feuer. Es war ein heftiger Sturm, der dahinfegte und eine große Menge von Leuten ins Staunen versetzte.

So wird es bei der Firmung wohl nicht sein. Also: »Was ist mit dem Heiligen Geist? Wie war es bei euch, die ihr schon gefirmt seid? Und wie ist das mit dem ›christlichen‹ Erwachsenwerden? Welche Rechte und Pflichten sind damit verbunden? Wann kann man überhaupt sagen, daß ein Mensch erwachsen ist? Und oft ist von Begeisterung die Rede. Über ein Fußballspiel können sich viele Leute begeistern, aber nicht über das Evangelium. Sind die Priester begeistert? Wie viele begeisterte Christen, Priester, Bischöfe gibt es überhaupt? Ist der Papst begeistert?«

Den anderen fiel bei solchen Anfragen nur wenig ein. Konnte jemand sagen, er sei begeistert? Oder die Priester und Bischöfe? Was hatten sie bei der eigenen Firmung gespürt? Früher sicher mehr Angst vor dem Backenstreich des Bischofs und mehr Hochachtung vor »seiner Exzellenz« als Begeisterung und inneres Feuer des Heiligen Geistes. Endlich antwortete jemand: »Der Heilige Geist *kommt* bei der Firmung nicht; denn er ist im Leben der Welt und des Menschen immer schon anwesend. Wenn wir Firmung oder Pfingsten feiern, dann feiern wir in Gemeinschaft diese Anwesenheit Gottes in der Schöpfung und damit die Sinnhaftigkeit alles Lebendigen und alles Geschaffenen.«

Vielen von uns erschien dies wie eine erlösende, wenn auch etwas häretisch klingende Antwort. Denn seit Jahrzehnten ist auf der einen Seite viel vom *Zufall* zu hören und vom *Urknall*, der alles Geschaffene langsam und allmählich entstehen ließ. Dieses naturwissenschaftliche Reden hatte allerdings bei vielen die Sehnsucht, die Hoffnung, die Zuversicht, vielleicht sogar den Glauben nicht töten können, daß das Leben einen tieferen Sinn hat, daß es da einen Schöpfer geben müsse, der alles schafft, lenkt und ordnet.

Wo aber der Glaube an den einen Geist Gottes, der das All bestimmt, gestorben war, da waren wieder seltsame Praktiken und religiöse Einstellungen entstanden. Da gab es »New Age«, Esoterik, Okkultismen, Geister- und Hexenglauben; das von vielen Christen, sogar von Priestern und Bischöfen unterstützte, von anderen radikal als Teufelswerk abgelehnte Engelwerk. In solchen christlichen wie nichtchristlichen Bewegungen war die uralte Vorstellung von den vielen guten und bösen Geistern wieder lebendig geworden. Bei ihnen kam alles darauf an, die Geister zu beschwören, die guten auf seine Seite zu ziehen und die anderen aus dem Leben zu verscheuchen. Hinter solchen Ambitionen steckten menschliche Ängste, Zweifel, Unsicherheiten. Wo der Glaube an den einen Schöpfergeist abhanden gekommen war, da trieb der Aberglaube wieder seltsame Blüten, da wurde in der angsterfüllten Phantasie von Menschen das All mit bösen und guten Schicksalsmächten bevölkert und die Gespenster beherrschten das Leben.

Als an *Pfingsten* die Menschen von damals ihre Ängste überwanden, da taten sie es durch die Entdeckung des Schöpfergeistes in ihrem Leben. Sie machten sich plötzlich fest im Glauben und in der Überzeugung, daß der eine Gott erhabener und souveräner Herr ist über alle Gewalten, der zudem Sicherheit und Festigkeit zu geben vermag. Das Werk des Heiligen Geistes bestand für sie darin, daß Ängste überwunden wurden im Vertrauen auf den, der allein Herr ist und durch den böse und gute Geister keine Rolle mehr spielen.

Noch etwas anderes wurde uns aus dem Neuen Testament deutlich. In der Apostelgeschichte ist von vielen Menschen die Rede, die aus den verschiedensten Völkern und Kulturen stammten und ebenso verschiedene religiöse Glaubenseinstellungen repräsentierten. Der Heilige Geist kam auf sie alle herab. Es gab keine Ausnahmen. Denn nirgendwo wird gesagt, daß Gott die Juden oder die Anhänger Jesu besonders bevorzugte. In unserer Sprache heißt das: Hier offenbarte sich ein *Gott* als gegenwärtig und mächtig, *der keine Konfessionen kennt.* Gott kennt immer nur die Menschen, die sich auf den Weg machen, um ihn im Leben zu suchen und zu finden. Konfessionelle Schranken, dogmatische Formulierungen und juridische Absicherungen als mehr oder weniger gute und gültige Eintrittskarten ins Reich Gottes wurden für uns zweitrangige menschliche Erfindungen. Der Geist Gottes, der das All durchwirkt, räumte schon damals gründlich mit solchen Beschränkungen auf. Für ihn gab und gibt es nur Menschen, an die er sich wendet und die ihm zu antworten fähig sind.

Wir dachten: Gläubige, die das Wirken des Heiligen Geistes verstehen und begreifen, gibt es überall: bei den Katholiken, Protestanten, Adventisten, Zeugen Jehovas, Moslems und Buddhisten. Aber überall gibt es auch die Ungläubigen, bei aller formellen Frömmigkeit und Rechtgläubigkeit in einer Religion oder Konfession. Weil der Geist Gottes weder kanalisiert noch von irgendwelchen Bekenntnissen vereinnahmt werden kann, lassen sich auch Glaube und Unglaube geographisch-konfessionell nicht festlegen. Es kommt bei allen Menschen guten Willens, bei den Menschen aller Religionen und Konfessionen immer nur darauf an, daß sie sich der Anwesenheit Gottes in ihrem Leben stellen und entsprechend ihr Leben einrichten. Wir Christen hatten – nach Paulus (Röm 8,23) – die *Erstlingsgabe* dazu erhalten. Wir waren die ersten geworden, aber nicht die einzigen. Wie konnten wir unsere Gemeinschaft innerlich dazu befähigen? Wohl nicht anders als dadurch, daß sich jeder in seiner Einmaligkeit vor Gott erkennt und zugleich in seiner Ergänzungsbedürftigkeit durch die anderen.

Bei unseren Zusammenkünften entstand ein immer deutlicheres Bild von *Pfingsten* und vom Sakrament der *Firmung*. Wir fragten immer weniger nach dem »Wesen« des Heiligen Geistes als vielmehr nach dem, was er in Menschen und durch Menschen zu tun vermag. Sein Wirken an Pfingsten war eindeutig. Er trieb die Jünger (»alle«) buchstäblich aus dem Pfingstsaal in Jerusalem auf die Straße. Christliches Glauben und Hoffen sind auf Dauer genausowenig für Innenräume – Sakristei, Kirche, Seelenkämmerlein – geeignet wie Adler für einen Käfig. Der Glaube der Apostel wäre lahm, kraftlos und blutleer geworden, wenn er nicht die Konfrontation mit sich selbst und den Dialog, die Auseinandersetzung mit anderen fremden Sprachen und Rassen gesucht und gefunden hätte. Ein Glaube, der sich der Bewährung in der Begegnung mit den Fragen und dem Suchen anderer Meinungen, Weltanschauungen, Lebensdeutungen entzieht, bleibt für sich allein. Er bringt keine Frucht.

An Pfingsten ist beides deutlich geworden: welches *die Kraft* und welches *die Krankheit des Glaubens* zu sein vermag. Er »begeistert« erst im Maße der Befreiung aus angstbeseelten religiösen Schablonen und Engherzigkeiten. Er macht krank, wenn Menschen im Glauben nicht zu sich selbst finden, zu ihrer eigenen Berufung und Selbstwerdung, zu ihrem eigenen Charisma, und zwar in Formen von »Kirche«, in denen Personwerdung möglich, erlaubt und zugelassen wird. Daß kirchliche Lebensformen christliche Existenz zu verhindern vermögen – dafür gibt es nicht nur genug Beispiele, sondern dafür war kirchliches Leben in früheren Zeiten in mancher Hinsicht programmiert. Denn ein System von Buchstaben und Lehren tötet, der Geist macht lebendig (vgl. 2 Kor 3,6). Im Evangelium wird uns der Geist Gottes als eine Kraft geschildert, die in der ganzen Schöpfung bereits anwesend ist und wirkt. Durch ihn wartet »die ganze Schöpfung sehnsüchtig auf das Offenbarwerden der Söhne Gottes« (Röm 8,19).

Das »Offenbarwerden der Söhne Gottes« kann für uns

natürlich nicht darin bestehen, daß wir in Gehorsam und Untertänigkeit unser Leben fristen. Wir fassen unsere Kleinkirche eher als ein Trainingslager auf, in dem wir die von uns erkannte und in einer konkreten Lebenslage zu praktizierende Wahrheit tun, um immer mehr in die volle Wahrheit unseres Lebens mit Gott eingeführt zu werden (vgl. Joh 16,13).

Was das »*Training*« betrifft, gab uns eines Tages Leo, unser Sportlehrer, die nötige Erklärung, wobei er sich auf Paulus berief (1 Kor 9,24 ff). »Radfahren trainiert die Muskeln«, sagte er. Und weil er diese Wahrheit schon immer für sehr wichtig gehalten hatte, ließ er den Satz von Schülern an die Tafel schreiben. Unaufmerksame Schüler mußten ihn später hundertmal oder noch öfter als Strafarbeit ins Heft schreiben. »Radfahren trainiert die Muskeln ... Radfahren ...«. Dann fragte er uns, wie oft jemand diesen Satz schreiben muß, um sagen zu können, daß er nun durchtrainiert sei.

Die Wiederholung einer Wahrheit ändert noch nichts an der Realität. Das Aufsagen eines an sich wahren Satzes bewirkt nichts, wenn man nicht wirklich tut, was da behauptet wird: in diesem Fall, Rad zu fahren. Ohne das Tun bleibt der Satz eine leere Phrase, eine nichtssagende Floskel, ein totes Geschwätz.

Wie konnten wir dafür sorgen, daß edelste Wahrheiten aufhörten, ein leeres Geklingel zu sein? Zur Beantwortung dieser Frage zwang uns eines Tages Martin, ein junger Architekt, der sich offiziell als ungläubig bezeichnete. Wegen Karin, seiner Frau, kam er öfter mit zu unseren Versammlungen, um vor allem musikalisch mitzuwirken. Was sollten wir mit ihm machen, wenn wir Eucharistie feierten? Denn es machte ihm keine Gewissensbisse, mit uns die Eucharistie zu empfangen. Konnten wir sie ihm reichen? Mußten wir ihn ausschließen, wenn er selbst nicht das Gefühl hatte, sich mit unseren Einstellungen identifizieren zu können?

In der Apostelgeschichte (10,34 a 42–48) entdeckten wir, daß es die Jünger nach Pfingsten mit ähnlichen Schwierigkeiten zu tun hatten. Denn als sie dem Volk das Evangelium verkündeten, mußten sie feststellen, daß »die gläubig gewordenen Juden ... außer sich darüber gerieten, daß auch auf die Heiden die Gabe des Heiligen Geistes ausgegossen wurde.«

Das war allerdings ein ungewöhnliches Ereignis. Es ließ die christlich gewordenen Juden mit Recht außer Fassung geraten. Diese glaubten nämlich, daß Jesus ihr Messias und nicht der der Heiden sei, daß sie *allein* zum Reich und zum Volke Gottes gehörten und nicht die Unbeschnittenen, die keine Juden waren. Petrus zog beim Auftauchen dieses Problems sogleich notwendige Konsequenzen. Er ordnete an, auch die Heiden im Namen Jesu zu taufen, weil Gottes Geist offensichtlich auch an ihnen Gutes gewirkt hatte und weiterhin zu wirken gedachte. Dennoch war für die junge Kirche die Frage der Heidenchristen damit nicht gelöst. Sie ist für längere Zeit ein Problem geblieben. Wir wissen, daß sich später auf dem Apostelkonzil in Jerusalem (um 49/50 n. Chr.) Petrus und Paulus heftig über diese Frage gestritten haben ... (vgl. Apg 15; Gal 2,1–10).

Immerhin, an Pfingsten wurde den Jüngern die Einsicht geschenkt, daß Jesus ihnen *keine theoretischen Wahrheiten* vermitteln wollte, sondern eine Wahrheit voll Kraft und Tat. Damit verband sich die Entdeckung, daß der Geist Gottes auch bei den Heiden und sogenannten Ungläubigen Gutes wirkt und schon immer gewirkt hatte. Die Begegnung der Wahrheit des Evangeliums mit der Wahrheit dessen, der in allen Menschen lebt und seit der Schöpfung wirksam ist – darin sehen wir unseren Auftrag, unsere Sendung. Bei Martin ist uns aufgegangen, daß die Kraft des Evangeliums in nichts anderem besteht als in dieser Begegnung. Wie konnten wir noch »Wahrheit« abkapseln und einschließen in einen festen Bestand von Sätzen und kirchenrechtlichen Bestimmungen? Eine solche »Wahrheit« wäre Martin und vielen anderen nicht gerecht geworden.

Wie Pfingsten darin bestand, daß Menschen in eine neue Wahrheit Gottes eingeführt wurden, so sollten auch wir Wahrheit verstehen und praktizieren: als ein lebenslanges Hineinwachsen des Menschen in die Begegnung mit Gott – mit Hilfe von anderen, die denselben Geist empfangen haben und gemeinsam auf dem Wege sind.

Dauerversuchung: Verhärtung im Guten

Die alttestamentliche Geschichte vom *Turmbau zu Babel* (Gen 11) war eigentlich gar nicht das Thema unserer Zusammenkunft gewesen. Fast zufällig kam Wolfgang darauf zu sprechen. Damals, in Babel, hatten die Leute angefangen, einen gigantischen Turm zu bauen. Er bestand aus gewaltigen Steinbrocken menschlicher Arroganz und Hochnäsigkeit. Diese waren zusammengehalten von dem Mörtel menschlicher Herrschaft und Selbstherrlichkeit, wenn auch wohlverborgen und verschleiert durch Gewänder der Demut und Bescheidenheit.

Im *neutestamentlichen Sinne* könnte man sie als Turmbauten bezeichnen, die von Schriftgelehrten und Pharisäern lehrreich errichtet wurden und in deren Schatten sie sich sonnten. Ihre Hauptsorge bestand wohl darin, den Menschen schwere Lasten (Verordnungen und Vorschriften) auf die Schultern zu legen, selbst aber darauf bedacht zu sein, auf den öffentlichen Plätzen gesehen und begrüßt zu werden und überall die vordersten Sitze und Ehrenplätze einnehmen zu können (vgl. Mt 23,4 ff).

Heute gäbe es auch solche Turmbauten. Irgendwann einmal hat sie Wolfgang in einem Gedicht, man könnte sagen, in einem religiösen Gebet zusammengefaßt. Es lautete ungefähr folgendermaßen:

»Wenn ich ein gewiefter *Kaufmann* wäre und wirtschaftlich begabt, würde ich mir, über die ganze Welt ausgebreitet, ein Wirtschaftsimperium errichten, welches überall die Preise bestimmt und sich Marktanteile sichert. Wenn ich *Politiker* wäre, würde ich nicht beim Auf- und Ausbau meiner Hausmacht stehen bleiben. Ich würde Verträge schließen mit den Mächtigen und Einflußreichen dieser Erde und sie nur so lange halten, als sie mir und meinen Ambitionen hilfreich sind. Wenn ich ein geistiges, vielleicht sogar *religiöses Erbe* zu verwalten hätte, würde ich – mit allen mir zur Verfügung stehenden Mitteln – das Werk Gottes auf dieser Erde verbreiten. Ich würde die Menschen immer mehr in dessen Dienst stellen und das Tiefste und Kostbarste, was sie besitzen, nutzbar machen. Ich selbst würde der Dauerversuchung unterliegen, sie im Namen Gottes gefügig zu machen, mit Geboten und Verboten, mit Angeboten und Liebesentzug, mit Forderungen des Gehorsams und der Unterwürfigkeit, mit Treueeiden, Versprechen und Gelübden.

Viele Leute wären dabei sehr zufrieden. Denn seit Menschengedenken wollen sich Menschen von Menschen nicht nur lenken und regieren lassen, sie wollen die Regierenden sogar als Götter sehen – eine Versuchung, die zu eigener geistiger Trägheit und Gewissenlosigkeit verleitet. Andere würden lange Zeit gar nicht merken, was mit ihnen geschieht, weil ich alle meine Maßnahmen der Entmündigung mit Worten und Reden über Freiheit, Recht und Menschenwürde begleite. Aber auch ich würde dabei nicht mehr wahrnehmen, wie ich mich in ungebührlicher Weise immer mehr an die Stelle Gottes setze, stets der Versuchung erliegend, als Verwalter einer Religion rigoristisch für Recht und Ordnung (Law and Order) zu sorgen, statt mich mit allen Kräften auf das übergreifende Handeln Gottes in der Geschichte einzulassen.

Ich selbst würde mich dabei an politische Systeme anpassen, denen es immer schon gegeben war, skrupellos zu praktizieren, wozu jedes System neigt, nämlich Obrigkeitenverhältnisse zu schaffen und tiefstes religiöses Sehnen und Hoffen auszubeuten, Menschen in Angst und Schrecken zu versetzen, wo es um die letzten Dinge des Lebens geht. Wenn ich wie ein Stellvertreter Gottes auf Erden das Werk Gottes auf meine Fahne schreiben würde, müßte ich auf der Hut sein, nicht selbst unversehens und unbemerkt Vertreter eines ›dressierten Gottes‹ und manipulierender Machenschaften zu werden. Denn nach dem Evangelisten Johannes ist *das Böse* immer *personal*. Es zeichnet sich durch drei Charakteristika aus: als ›Vater der Lüge‹, als ›Fürst dieser Welt‹ und als ›Menschenmörder von Anbeginn‹. Es arbeitet mit den Mitteln der Lockung und der Drohung: zuerst lügt sie, dann zwingt sie, dann beseitigt sie, was ihrem Machtwillen widerstrebt.

Wenn ich also ein religiöses Erbe zu verwalten hätte, bestünde stets die Gefahr, daß ich letztlich ein Theater latenter Gottlosigkeit inszeniere, welches dem der Weltleute ähnlich ist. Denn seit Jesus von Nazareth ist niemand mehr deshalb frommer und gottgefälliger, weil er am meisten über Gott redet, Gesetzestreue praktiziert und Schriftlehren verbreitet. Seit Jesus von Nazareth gibt es nur noch die Gottgefälligkeit, die sich im Dienst am Menschen sichtbar zeigt, die sich in der Liebe als glaubwürdig erweist«.

Dies war eigentlich auch das Thema unserer Zusammenkunft. Denn wir hatten den Eindruck gewonnen, daß »Verhärtung im Guten« über die Köpfe hinweg und zudem noch im Namen Gottes viel Unheil am Menschen anzurichten vermag. Denn alle Maßnahmen, die dem Menschen nicht gerecht werden, seien, so meinte jemand, identisch mit gefährlicher Gottverlorenheit. Obwohl immer wieder im Namen Gottes durchgeführt, verhinderen sie dennoch am meisten den Willen Gottes, der sich immer auf den Menschen, auf sein Heil und Wohlergehen konzentriert.

Um Gottes Wegen und Intentionen gegenüber offen und wohlgefällig zu sein, wollten wir also auf uns Menschen unser Augenmerk richten, auf das, was Gott von Anbeginn in sie und auch in uns hineingelegt hat und hineinlegt. Wie konnten wir es tun?

Indem wir wieder nach den *Wurzeln unseres Glaubens*

fragten. Diese bezogen sich nicht nur auf einen überirdischen Gottesglauben, sondern seit Jesus von Nazareth auf uns irdische Menschen, denen etwas vom stets neu schaffenden Geist Gottes gegeben war. Wir suchten die unzähligen Stellen der Heiligen Schrift, an denen vom Geist Gottes und von der Geistbegabtheit des Menschen die Rede ist. Wir fanden, daß »Geist« zunächst etwas mit Atem, Wind, Hauch zu tun hat.

Im *Alten Testament* gehört zum Geistigen das Ganze des Menschen: das Leiblich-Körperliche, das Psychische, das Seelisch-Geistige. Wenn beim Menschen der Geist ausgeht, herrscht der Tod, und nur der Geist kann Totes wieder lebendig machen. Der Geist aber kommt von Gott. Gott kann den Geist »erwecken«. Dann bedeutet er die Fähigkeit, etwas zu können, aber auch die Kraft, es zu vollbringen. Solche Fähigkeit kann *verschiedene Ausprägungen* haben: Es gibt einen Geist der Eifersucht (Num 5,14.30), des Taumels (Jes 19,14), des Rausches und der Raserei (1 Sam 10,6 ff); aber auch der Weisheit (Ex 28,3). Wer den Geist des Herrn empfangen hat, auf dem ruht der Geist der Weisheit und des Verstandes, der Geist des Rates und der Stärke, der Geist der Erkenntnis und der Furcht des Herrn (Jes 11,2).

Ursprünglich wurde die besondere Gabe des Geistes *einigen wenigen* und das nur für kurze Zeit verliehen. Wo es aber um Prophezeiungen über die Zukunft des Messias geht, da wird der Geist zu einem bleibenden Geist sowohl für einzelne Könige (Saul) und Propheten als auch für alle. Bei Joel (3,1 f) heißt es: »Ich will meinen Geist ausgießen über alles Fleisch, und eure Söhne und Töchter sollen weissagen, eure Alten sollen Träume haben und eure Jünglinge sollen Gesichte sehen. Auch will ich zur selben Zeit über Knechte und Mägde meinen Geist ausgießen.«

In der *Zeit des Messias* wird es keine Privilegierten mehr geben, weil alle im Geist des Neuen Bundes unmittelbar zu Gott gehören (vgl. Jer 31,31 ff). Dieser Geist wird alle ohne

Ausnahme im Innern, im Denken und Handeln tiefgreifend und beständig verwandeln. Der Psalm 51,12–14 macht daraus ein Gebet für alle: »Schaffe mir, Gott, ein reines Herz, und gib mir einen neuen, beständigen Geist. Verwirf mich nicht von deinem Angesicht, und nimm deinen Heiligen Geist nicht von mir. Erfreue mich wieder mit deiner Hilfe, und mit einem willigen Geist rüste mich aus.«

Daß die Gabe des Geistes am Tag des Messias vor keinem Menschen Halt macht, zeigt sich in der Berufungsgeschichte des Propheten Jesaja (61,1-3): »Der Geist Gottes, des Herrn, ruht auf mir; denn der Herr hat mich gesalbt. Er hat mich gesandt, damit ich den Armen eine frohe Boschaft bringe und alle heile, deren Herz zerbrochen ist, damit ich den Gefangenen die Entlassung verkünde und den Gefesselten die Befreiung, damit ich ein Gnadenjahr des Herrn ausrufe, damit ich alle Trauernden tröste, die Trauernden Zions erfreue, ihnen Schmuck bringe anstelle von Schmutz, Freudenöl statt Trauergewand, Jubel statt der Verzweiflung.«

Jesus, der Mann aus Nazareth, hat sich, als er in seiner Heimatstadt zu seiner ersten Predigt öffentlich auftrat und sich als die Erfüllung aller Prophezeiungen vorstellte, auf diesen Text des Jesaja berufen (Lk 4,16–30). Die Befreiung von Krankheit, Not, Elend, Knechtschaft, Frondienst, körperlicher und geistiger Blindheit, von den Propheten verkündet (Jes, 40–55), sollte mit Jesus ihren Höhepunkt und ihre Vollendung finden.

Bevor Jesus seine Botschaft vom »Reich Gottes« verkündete, sprachen die Propheten des Alten Testaments bereits von der Herrschaft Gottes über das All und über das Volk Israel. Sie hielten Jahwes Macht über jeden und alles für derart überlegen, daß sogar die Heidenvölker sich zu Jahwe bekehrten. Bei Jesaja heißt es (4,514 ff): »Sie werden kommen und dir gehören; in Ketten werden sie hinter dir herziehen. Sie werfen sich nieder vor dir und bekennen: Nur bei dir gibt es einen Gott, und sonst gibt es keinen.«

Was macht die Herrschaft Jahwes über das Volk Israel so attraktiv; was macht sie so anziehend bei den heidnischen Völkern, so daß niemand ausziehen muß, um sie zu bekehren – denn sie bekehren sich selbst? Jesaja 42,21 versucht eine Antwort auf diese Frage: Jahwe verkündete für sein Volk auf dem Berg Sinai bereits eine *neue Gesellschaftsordnung* in der Völkerwelt. »Weil Jahwe seine Gerechtigkeit sichtbar machen wollte, war es sein Wille, eine Gesellschaftsordnung groß und herrlich zu stiften.«

Es sind also nicht in erster Linie das Vorbild des einzelnen, das Zeugnis eines einzelnen Menschen oder seine Bekehrung, die zeichenhaft vor den Völkern stehen und diese zur Umkehr bewegen, sondern *das Volk Gottes als Ganzes.* Die Art und Weise, wie es lebt, wie es seine Lebensordnung gestaltet, wie es allen Menschen Gerechtigkeit widerfahren läßt, wie es ohne Macht- und Gewaltausübung, ohne Rivalitäten und Unterdrückung jedem einzelnen zu seinem Recht verhilft – eine solche, von Jahwe gewollte Gesellschaftsordnung ist in der Lage, zeichenhaft vor der Welt die Macht und Weisheit Gottes zu bezeugen. Wenn unter der Herrschaft Gottes die »Ausbreitung des Lebens in Fülle« erfolgt, dann ist das Heil für alle Völker in der Welt in unmittelbare Nähe gerückt.

Wenn aber im Alten Testament vom »Reich Gottes«, der »neuen Lebensordnung« unter den Menschen die Rede ist, dann ist diese Idealvorstellung nicht vom Himmel gefallen, sondern lange gereift und im Volk gewachsen. Bereits seit 2400 Jahren vor Christus lassen sich im Alten Orient Könige und Herrscher nachweisen, denen es nicht um die Herrschaft und Gewalt über ihre Völker ging, sondern um die Rechte und die Freiheit jedes Bürgers. Vor allem gab es Gesetze zugunsten der Schwachen und Gefangenen, Witwen und Waisen. Ihnen zuliebe wurden Einfluß und Macht der Mächtigen begrenzt. Die Gesetze sahen vor, daß kein Einflußreicher die Würde des Schwächeren verletzen durfte.

An solche Vorstellungen knüpft das Alte Testament an. Im *Buch Deutoronomium* wird ausdrücklich die Gewaltenteilung gefordert. Wo vom Königtum Sauls gesprochen wird, wird daran erinnert, daß Israel keines irdischen Königs bedarf, daß es kein Staat neben anderen Staaten sein darf, weil allein die Königsherrschaft Gottes zählt. Jahwe ist ein vom Staat befreiender Gott, allein die Sozialordnung Gottes soll Gültigkeit behalten, kein Mensch soll über den Menschen herrschen dürfen ...

Auch in der *Verkündigung* und in den *Taten Jesu* findet sich diese Grundeinstellung. Als man ihn mit Gewalt zum König machen wollte (Joh 6,15), entzog er sich den Wünschen seiner Landsleute. Er verkündete dagegen seine Botschaft von der »anbrechenden Gottesherrschaft«: »Der Geist des Herrn ruht auf mir ... Er hat mich gesandt, damit ich den Armen eine gute Nachricht bringe, den Gefangenen die Freiheit verkünde, den Blinden das Augenlicht ...« (Lk 4,18 ff). Bei allem, was Jesus sagte und tat, ging es ihm um die neue Gemeinschaftsbildung im Geist der Versöhnung und Liebe; nicht um Herrschaft und Macht, noch nicht einmal um die friedliche oder gewaltsame Bekehrung Andersgläubiger zu seiner Lehre.

Auffallend ist, daß er sich nicht um Menschen außerhalb des jüdischen Volkes kümmerte, also um solche, die man »*Heiden*« zu nennen pflegte. Es gibt nur *zwei Ausnahmen*: den heidnischen *Hauptmann von Kapharnaum*, der eines Tages wegen seines todkranken Dieners zu Jesus kam, um Heilung für ihn zu erbitten (Lk 7,1–10), und die *kanaanäische Frau*, deren Tochter von einem unreinen Geist besessen war und die Jesus bat, den Dämon auszutreiben (Mk 7,24–30).

Mit anderen Worten: Jesus ging es um sein Volk Israel. Er wollte es heilen und unter das Gesetz Gottes stellen. Er wollte von Menschen gemachte Gesetze und Ordnungen nicht um jeden Preis erhalten; denn für ihn waren die Gesetze für den Menschen da, nicht die Menschen für die Gesetze. So bestand seine Ethik vielfach in einer »*Ethik der Entrüstung*«: Überall, wo er Krankheit, Not, Elend, Neid und Haß, Ungerechtigkeit und Würdelosigkeit antraf, setzte er Zeichen der Hoffnung, die es den Menschen ermöglichten, Vertrauen und Zuversicht in die anbrechende Gottesherrschaft zu gewinnen. Wenn diese Gottesherrschaft auch erst am Ende der Zeit ihre Vollendung erreichen sollte, so bestand der Auftrag an die Jüngergemeinde dennoch darin, sie im Hier und Heute, wenigstens in Ansätzen, Wirklichkeit werden zu lassen. In vielen Gleichnissen hat Jesus deutlich gemacht, daß seine Botschaft für die Welt und Menschheit nur glaubwürdig werden kann, wenn sie überzeugend von der Gemeinschaft der Gläubigen gelebt wird: Ihr seid die Stadt auf dem Berge, ihr seid das Licht der Welt, ihr seid das Salz der Erde, ihr seid der Sauerteig und damit der überzeugende Anfang einer neuen Schöpfung ... (vgl. Mt 5,13 ff).

Bezeichnenderweise wählte Jesus *zwölf Apostel*. Symbolisch stellt diese Zahl die zwölf Stämme Israels dar bzw. die zwölf Söhne Jakobs (Ez 48,30–35). Jesu Anliegen war es, die zwölf Stämme im Glauben an den einen Gott zu einigen. So sollen wohl auch die Apostel eine genügende Anzahl Ortskirchen gründen und auf diese Weise das Evangelium überall bekanntmachen. Der Welt sollte das von Gott geschaffene Volk (aus den Völkern) bekannt werden durch die Darstellung des schon jetzt aufleuchtenden Gottesreiches. Die Kirche sollte eine Gemeinschaft sein ohne soziale Schranken; ein pfingstliches Volk, in dem selbst Knechte und Mägde, Söhne und Töchter ihre Stimme erheben (Joel 3,1–5), eine Gemeinschaft der Versöhnten, die durch ihre Praxis des Miteinanders prophetische Zeichen für die Völker setzen sollte. Die *Lebensführung Jesu* sollte in seinen Gemeinden weiterleben. Das »Reich Gottes« sollte in ihnen aufleuchten und damit das uralte Anliegen der »Völkerwallfahrt« Wirklichkeit werden lassen.

So bedeutet die Tatsache, daß Jesus sich fast ausschließlich um sein Volk kümmerte, nicht »Rückzug« allein auf die Juden, sondern unabdingbare Voraussetzung dafür, daß die Gottesherrschaft glaubwürdig gelebt wird und auf diese Weise die ganze Welt erreichen kann. Das *Christentum* sollte sich als eine Religion der Geschwisterlichkeit etablieren, wo Liebe, Freude, Freundlichkeit ... als Zeichen wirklich leuchten.

Das Uranliegen Jesu, die *Praxis des Gottesreiches* vor aller Welt aufleuchten zu lassen, war und blieb in der Urkirche kein weltfremder Enthusiasmus. Niemals handelte es sich um »Idealgemeinden«, die nur gute Züge gehabt hätten (vgl. Offb 2–3). Das zeigt sich auch in der Praxis der *brüderlichen Zurechtweisung* bei Verfehlungen und Konflikten (Mt 18,15–17). Dazu gehört der Mut, mit anderen offen und aufrichtig das Gespräch und zugleich die Versöhnung zu suchen; aber auch in Demut bei sich selbst zuzulassen, was man anderen zumutet. Das herrschaftsfreie, argumentierende und ermahnende Handeln einerseits und der freie Gehorsam andererseits waren in den ersten Jahrhunderten wohl die sichersten und die überzeugendsten Anzeichen dafür, daß echte christliche Gemeinschaft und Gemeinde vorhanden waren. Die völlig andere Art des Umgangs der Christen untereinander wurde von der heidnischen Umwelt offensichtlich als auffallend registriert. Der Zuwachs zum Christentum trotz ungünstiger äußerer Zeitumstände läßt sich nur so und nicht anders erklären.

Oft haben wir uns in unseren Gesprächen die Frage gestellt, warum dieser ursprüngliche Geist des Evangeliums in unserer Zeit wieder Hochkonjunktur zu haben scheint, besonders bei denen, die suchen und guten Willens sind. Sehr beunruhigend und allzuhäufig stach dabei die Tatsache in die Augen, daß die Worte und Weisungen des Evangeliums zu allen möglichen Interpretationen und Sektenbildungen Anlaß gaben.

Gewiß, davor mußten wir uns hüten. Bei aller Vielfältigkeit und »Originalität« christlicher Gruppen und Kleinkirchen mußten von vorneherein Maßnahmen ergriffen werden, die vor heilloser Zersplitterung bewahrten. Aber aus Angst vor solcher Zersplitterung durften wir auf keinen Fall den Versuch unternehmen, ein Christentum zu tradieren, welches dem Menschen und seiner jeweiligen Geistbegabtheit nicht gerecht wurde. Denn für uns stand außer Frage, daß die ursprüngliche pfingstliche Kirche wieder sehr aktuell, menschengemäß und damit auch sehr »attraktiv« geworden war.

Zwei Zeitumstände schienen diese Entwicklung stark zu begünstigen. Zunächst der »moderne Zeitgeist«, der – allen früheren kirchlichen Gegenbehauptungen zum Trotz – in mancherlei Hinsicht dem biblischen Denken näher stand, als vermutet und zugegeben werden durfte. Bei unseren Treffen haben wir uns diesen biblisch-modernen Zeitgeist immer wieder durch eine *Geschichte* deutlich gemacht. Sie scheint auf den ersten Blick in diesem Zusammenhang ziemlich nichtssagend zu sein, aber bei näherem Zusehen für das Leben jedes Menschen von ausschlaggender Bedeutung.

Die Geschichte schildert eine Begebenheit, die sich trotz ihrer äußeren Unscheinbarkeit täglich tausendfach in irgendeiner Form wiederholen mag, um das Leben von Menschen entscheidend negativ zu beeinflussen oder sogar zu zerstören. In ihr wird erzählt, wie eine Mutter morgens ihrem Kind zu essen und zu trinken gibt und es anschließend in den Garten schickt, wo es mit einer Kröte zu spielen pflegt. Eines Tages hat es die Mutter eiliger als sonst. Das Kind auf ihrem Schoß ißt ihr zu langsam; sie schlägt es mit dem Löffelchen auf den Kopf und treibt es mit immer hastigeren Worten zur Eile an. Dann geht das Kind in den Garten. Es macht dasselbe mit der Kröte; es schlägt das Tier auf den Kopf und quält es. Die Mutter sieht es, nimmt aus dem Ofen ein brennendes Holzscheit und schlägt das Tier tot.

»Von nun an«, so endet die Geschichte, »siechte das Kind dahin, alsbald rief der Todesvogel, es starb..«

Das Märchen handelt vom Tod des Kindes im Menschen; von einer Welt, die tötet und Gewalt anwendet, weil sie Angst hat vor der spielenden Unschuld. Deshalb wird auch das Kind aus seiner Kindheit gerissen, aus der selbstverständlichen Freude über die Dinge des Lebens. Es verliert den Entdeckerdrang, der Menschen zu Schritten ins Leben ermutigt. Es stirbt, weil es am Kindseindürfen gehindert wird – jener wichtigen Lebensphase, ohne deren gesunde Bewältigung auch die späteren Lebensalter kaum gemeistert werden können. Sein äußerer Tod ist die Konsequenz seines inneren Sterbens. Der äußere Tod tritt nur deshalb ein, weil der Wille zum Leben abhanden gekommen war.

In solchen Zusammenhängen haben wir uns oft an Worte des Psychologen und Anthropologen Erich Fromm erinnert, der viel über das Leben der Menschen nachgedacht hat und einmal die Vermutung äußerte, viele Neugeborene würden im Augenblick ihrer Geburt einen Schrei des Erschreckens ausstoßen. Warum das? Nun, zunächst ist der Schrei eines Neugeborenen ein Zeichen dafür, daß es lebt, und jeder der Anwesenden freut sich über solche erste Lebensäußerung. Andererseits verläßt das Kind den Schoß seiner Mutter – Ort der Geborgenheit und des Wohlseins. In welche Welt tritt es ein? Wer ist seine Mutter, wer sind seine Eltern? Wie wird die Umwelt mit ihm umgehen, wird sie ihm zum Leben verhelfen oder aber es zum seelischen Tod verurteilen?

Das Neugeborene spürt in seiner Hilflosigkeit und totalen Abhängigkeit offensichtlich voller Todesangst, daß die ersten Bezugspersonen, vor allem die Mutter, ihm zum Heil, aber auch zum Verhängnis werden können. Der Segen der Mutterliebe besteht darin, daß das Kind sich bejaht und angenommen fühlt, daß es sogar selbst schon etwas zu schenken vermag: Freude und Glück. Indem das Kind die Wesenszüge der Mutter mit allen Sinnen in sich aufnimmt, werden diese zu seinem eigenen prägenden Wesen. Es baut sich so etwas wie ein unbewußtes Lebensgrundgefühl auf, welches von Sicherheit oder Angst, Geborgenheit oder Ungeschütztheit, Vertrauen oder Mißtrauen gegenüber der Umwelt geprägt ist.

Die Liebe der Mutter kann eine schenkende Liebe sein, die schon sehr früh die Gegenliebe des Kindes weckt und es zur Liebe fähig macht. Es kann aber auch eine verwöhnende Liebe sein, bei der die Mutter bewußt/unbewußt um die Gegenliebe des Kindes buhlt; eine gluckenhafte Liebe, verbunden mit der Angst vor Selbständigkeit und Eigenentwicklung des Kindes, oder eine vereinnahmend-fressende Liebe, die das Kind wohl zur eifersüchtigen Mutter, nie aber zu sich selber kommen lassen will ...

In dem totalen Angewiesensein auf die Mutter und den Vater ist der erste Schrei des Neugeborenen zu verstehen als ein Urerlebnis, welches im ganzen späteren Leben seine Rolle und Bedeutung behalten kann. Dieses Urgefühl läßt sich auf die Formel bringen: »Du bist niemand, bis dich jemand liebt.« Die Liebe allein kann aus dir etwas machen, sie hat eine den Menschen aufbauende Kraft und Dynamik. Wo sie gegenwärtig ist und gelebt wird, kann sie den Menschen verzaubern und ihm zur persönlichen Entfaltung verhelfen. Deshalb gibt es nichts Größeres im Leben von Menschen, als zu lieben, sich gegenseitig das Wort der Liebe zuzusprechen. Im »ich liebe dich«, »du liebst mich« wird die ganzheitliche Bejahung des anderen zur Sprache gebracht; jeder kommt auf seine ureigene Weise zu sich selbst, wird Person, Persönlichkeit, Mensch. Die Liebe vermag es, den Menschen aus seiner je eigenen Veranlagung heraus aufzubauen und zu entfalten.

Auch die Heilige Schrift kennt solche »modernistische« Gedanken. Im Hohen Lied des Alten Testaments wird ungeniert und selbstverständlich davon gesprochen, wie die Liebe ist, was sie am Geliebten zu erkennen vermag, welche gegenseitige Faszination von Geliebten ausgeht. Da heißt es: »Mein Geliebter ist weiß und rot, auffallend unter Zehntausend. Sein Haupt ist köstliches Feingold, seine Locken sind Dattelrispen, rabenschwarz, seine Augen wie Tauben an Wasserbächen, seine Zähne in Milch gebadet, sitzend in ihrer Fassung, seine Wangen wie Balsambeete, in denen Würzkräuter wachsen, seine Lippen sind Lilien, triefend von flüssiger Myrrhe, seine Arme sind goldene Walzen, besetzt mit Steinen aus Tarschisch, sein Leib ist ein Elfenbeinwerk, bedeckt mit Saphiren, seine Schenkel sind Marmorsäulen, auf goldenen Sockeln stehend, seine Gestalt ist dem Libanon gleich, auserlesen wie Zedern, sein Gaumen ist lauter Süße, und alles an ihm ist Augenweide. So ist mein Geliebter, so ist mein Freund, ihr Töchter Jerusalems« (5,10–16).

Auch der Mann besingt seine Geliebte. Sein Blick tastet sich von den Füßen empor bis zum Haar: »Wie schön sind deine Schritte in den Sandalen, du Adelige! Das Rund deiner Hüften gleicht einem Schmuck, gefertigt von Künstlerhand. Dein Schoß ist eine runde Schale, der der Mischwein nicht mangle! Dein Leib ist ein Weizenhaufen, umgeben von Lilien. Deine Brüste sind wie zwei Kitzlein, Zwillinge der Gazelle. Dein Hals wie ein Turm aus Elfenbein, deine Augen sind wie die Teiche zu Heschbon am Tor von Bat-Rabbim. Deine Nase ist wie der Libanonturm, der gegen Damaskus späht. Dein Kopf oben ist wie der Karmel, und die Haare deines Kopfes sind wie Purpur« (7,2–6).

Die höchste Form der Liebe – das wird in solchen Texten deutlich – führt zur gegenseitigen Bejahung und Wesens-Verwirklichung, man könnte buchstäblich sagen: vom Scheitel bis zur Sohle. Umgekehrt kann in allen zwischenmenschlichen Beziehungen auch das Gegenteil eintreten: die gegenseitige Zerstörung. Vielleicht besteht das Schlimmste und Grausamste für den Menschen darin, daß niemand ihn liebt; wenn man sich gegenseitig nichts mehr zu sagen hat; wenn jemand zum anderen sagt: Du bist für mich erledigt, eine Null. Dann wird aus dem Jemand ein Niemand, aus einem Namen Namenlosigkeit, aus der Liebe Mißverständnis und Haß.

Vielleicht werden sowohl die Höchstform der Liebe als auch die Höchstform des Hasses nur selten erreicht. Wahrscheinlich spielt sich das Leben des Menschen immer zwischen den Extremen ab: Du bist ein Jemand oder Niemand, ein Sinn oder Unsinn, mein Alles oder Nichts. Aber welche von beiden Tendenzen das größere Gewicht bekommt – davon hängt vieles oder alles ab, das Gelingen oder Mißlingen des Lebens.

Wenn wir bei unseren Treffen immer wieder darüber nachgedacht haben, warum die Kirche des Mittelalters, ins Heute tradiert, immer mehr an Boden verlor, dann lag bei vielen die erste Antwort im Erspüren des Geistes des Evangeliums, der dem »modernen Zeitgeist« bisweilen näher zu sein schien als dem der offiziellen Kirche. Jedenfalls fühlten sich die Menschen in ihrem Willen zu Selbstand und Erwachsenensein von ihr entscheidend weniger verstanden und angenommen als von der modernen Psychologie und Anthropologie, die sich ihrerseits auf wichtige biblische Impulse verlassen konnten.

Die »Allianz« bzw. das »Bündnis« zwischen dem in der Geschichte wirkenden Geist Gottes und einer modernen, wenn auch kirchendistanzierten Gesinnung, hat sich nach unserer Auffassung noch in einem zweiten zeitbedingten Faktum ausgewirkt: im immer freier und selbstbewußter werdenden Denken und Handeln der Menschen. Das hat sich auch auf das Denken der Christen in der Kirche ausgewirkt. Früher waren alle auf die Priester fixiert. Alles drehte sich in den Gemeinden um sie. In der Tat waren die Priester auf weiten Strecken sehr ehrenwerte Menschen gewesen. Viele Gemeinden hatten stets ein herzliches Verhältnis zu ihrem Pfarrer gehabt. Meistens galten sie als fromm und menschenfreundlich, gestalteten feierliche Gottesdienste, besuchten die Kranken und Alten, fanden immer ein aufmunterndes Wort für die Notleidenden und Depressiven. Als »Seele ihrer Gemeinden« waren sie für viele nicht nur »moderne Heilige«, sondern galten auch als unersetzbar. »Was wird einmal aus unserer Gemeinde, wenn der Pfarrer nicht mehr ist, wenn wir keinen Priester mehr haben?« Solche Fragen stellten sich immer eindringlicher und unüberhörbarer. Wie schon gesagt, bei uns hat sie Bischof Paulus zum ersten Mal mutig aufgegriffen.

Im Denken der mündiger werdenden Christen war aber auch immer mehr bewußt geworden, daß auch hervorragende Eigenschaften von Priestern ihre großen Schattenseiten hatten. Denn die Gemeinden waren identisch mit ihren Priestern. Mit ihren Aktivitäten lebte oder starb alles. Die Leute freuten sich über ihre so rührigen Pfarrer, aber sie hatten sich auch daran gewöhnt, daß sie ihnen höchstens beratend zur Seite stehen und gelegentliche Hilfsdienste leisten konnten. Wenn auf Kirchen und Gemeinden die Rede kam, dachten die meisten in spontaner Reaktion an die Pfarrer, die Bischöfe, den Papst – erst in zweiter Linie, wenn überhaupt, an sich selbst. In ihrer gesamten Mentalität und Gedankenstruktur hatte sich tief der Eindruck festgesetzt, daß »Kirche« ausschließlich etwas mit Sakramenten zu tun habe, mit Taufe, Firmung, Eucharistiefeiern ..., und deshalb mit geweihten Männern – einer »Hierarchie«, die alles lenkt und leitet, die sogar ausschließlich die Gnadengaben Gottes vermittelt.

Aus einer solchen jahrhundertelangen Entwicklung waren aber auch die Not und das Elend des kirchlichen Gemeindelebens entstanden. Natürlich bedurften die Gemeinden des geistlichen Amtes. Aber worin bestand das Amt des Amtsträgers? Vielleicht, um den fatalen Eindruck zu vermitteln, daß alles allein von ihm abhängt? Daß nichts ohne ihn geht und gehen kann? Daß sogar Gott zur Untätigkeit verurteilt ist ohne das Amt?

So lesen viele Kleinkirchen immer wieder in der Heiligen Schrift. Nirgendwo ist nur der Schimmer eines solchen Denkens zu entdecken. Der heilige Paulus hat viel darüber nachgedacht, was »Kirche«, »Gemeinde« eigentlich sein sollen. Wie die Postulate verwirklicht werden können: »Ihr seid das Salz der Erde«, »Ihr seid die Stadt auf dem Berge«. »Ihr seid das Licht der Welt«. Bei Paulus findet man nirgendwo die Aussage: »Alles hängt von mir, dem Apostel allein ab«, sondern da heißt es immer wieder: Alles hängt von Gott ab, vom Wirken seines Heiligen Geistes, von den Gaben, Fähigkeiten und Charismen, die er den Menschen gibt.

Dabei ist Gottes Geist so mächtig und überströmend am Werk, daß jeder Mensch seine Gaben und Charismen bekommt. Niemand geht leer aus. Deshalb sieht er als Apostel seine Hauptaufgabe darin, alle Gnadengaben Gottes zuzulassen, sie zur Entfaltung zu bringen und bei der wachsenden Vielfalt immer wieder Einheit und Versöhnung zu schaffen. Denn wo Gottes Geist am Werk ist, da stellt sich nicht mehr die Frage, »ob einer Jude ist oder Nichtjude, Sklave oder Freier, Mann oder Frau« (Gal 3,28). Gott stellt diese Frage auch nicht. Bei Berufungsgeschichten durch Gott selbst kann man auch als Apostel das Wirken Gottes immer nur glaubend und hoffend mitvollziehen. Gelingt dies nicht, wird der Geist Gottes durch liebgewordene Traditionen, durch legalistische Vorschriften, durch menschengemachte Gewohnheiten behindert. Dann ist es nur noch eine Frage der Zeit, daß die Kirchen leer werden, daß die Gemeinden sterben.

Es ist nicht wahr, daß der Leben schaffende Geist Gottes sich aus vielen früheren Gemeinden zurückgezogen hätte. Aber es scheint wahr zu sein, daß Priester und Laien bei all ihren Aktivitäten und noch so guten und gutgemeinten »Angeboten« das Werk Gottes verhindern, weil sie in einem offenkundigen oder verborgenen Stolz mehr an sich selbst glauben als an Gott, mehr an einen dressierten und verwalteten Gott als an das Wirken Gottes in jedem Menschen, mehr an Strukturen und kirchliche Sicherheitssysteme als an das Sturmesbrausen des Heiligen Geistes, der theologische Entwürfe und noch so konstruktive Diskussionsbeiträge mit einem einzigen Windhauch vom Tisch zu fegen in der Lage ist.

Gewiß, es bedarf kirchlicher Strukturen und theologischer Entwürfe. Aber sie müssen das Subjekthafte der Menschen bzw. ihre Charismen als Fundamente haben, damit sie auch Gottesdienst zu sein vermögen. Geschieht das nicht, entwickeln sich auch im religiösen bzw. kirchlichen Bereich Menschen mit einem schwachen Ich-Bewußtsein. Das mangelnde Vertrauen zu sich selbst gibt keinen Mut zum Wagnis des eigenen Lebens, läßt keine selbstverantworteten Lebenshaltungen zu, öffnet die Augen nicht für sich wandelnde Situationen, macht stur, steif und unbelehrbar gegenüber den Wandlungen in Kirche und Gesellschaft.

Menschen ohne Persönlichkeit werden zudem leicht autoritätshörig, sie suchen Schutz und Rückenstärkung im blinden Gehorsam gegenüber der nächst höheren Instanz, sie sind absolut gefügig gegenüber den Weisungen, die »von oben« kommen, folgen buchstabengetreu den Gesetzen und Paragraphen, tendieren zur ausgeprägten Überanpassung an das »System« oder den gerade gängigen Trend und neigen zur Rückgratlosigkeit, die keinen Charakter hat und kein eigenes Gewissen kennt.

An zahlreichen Beispielen der Geschichte haben wir uns klargemacht, daß solche ich-schwachen Menschen leicht von herrschenden Systemen, von Machthabern verschiedenster Prägung, von Diktaturen, von religiösen Fanatikern, von sektiererischen Ideologien in Dienst genommen werden können. Sie werden leicht zu Handlangern und blinden Werkzeugen eines Systems, so daß sie sich sogar verbrecherischer Taten nicht recht bewußt sind. Bei solchen Erfahrungen braucht man nicht bis zum Äußersten zu gehen, indem man Beispiele aus den KZs der Nazis anführt. Im Grunde entläßt jedes politische, ideologische, religiöse System solche »Kinder«. Und jedes System ist auch geeignet, Menschen in ihrer Unmündigkeit nicht nur zu bestärken, sondern sie als solche auch in Dienst zu nehmen.

Wo aber in der Kirche nicht das System, sondern der Geist Gottes zum Zuge kam, da sind immer schon hervorragende Persönlichkeiten entstanden – manchmal sogar allen kirchlichen Behinderungen zum Trotz. Aus Menschen der Angst und Schwachheit wurden Männer und Frauen, die schon am ersten Pfingsttag zur Höchstform ihrer Berufung fanden und sich deshalb auch mutig und entschlossen in den Dienst der Sache Jesu zu stellen vermochten. Man muß sie sich einmal anschauen: Petrus, Andreas, Jakobus, Johannes, Maria, die Mutter des Herrn ... Sie alle waren Menschen, aus eigenem Holz geschnitzt; mit einem eigenen Gesicht, mit einer eigenen Prägung. Am Geistwirken bei ihnen kann man erkennen, was Gott mit den Menschen und der Welt vorhat: Ihm geht es nicht um Ideologien und Systeme, sondern um den Menschen und darum, daß jeder zu sich selbst findet, zu seiner Aufgabe, zu seiner eigenständigen Freiheit und Persönlichkeit.

Die Geschichte Gottes mit den Menschen ist bis auf den heutigenTag so weitergegangen. Überall da, wo Gottes Geist den Menschen erfaßt, weht der Geist der Freiheit, der keine Schablonen kennt. Deshalb sind sie auch alle anders, die Gestalten der Christenheit. Edith Stein, Rupert Mayer, Papst Johannes XXIII., Blaise Pascal, Simone Weil – keiner und keine läßt sich mit dem anderen vergleichen. Jeder und jede wurden auf eine andere Weise eine neue Schöpfung Gottes. Sie haben auf eine je eigene Weise ihre Gaben und Charismen in die Geschichte eingebracht – manchmal und sehr oft sogar zum Ärger und Verdruß der jeweiligen Machthaber und Systemerhalter.

Bei der Frage also, warum moderne Menschen der Kirche

immer mehr den Rücken kehrten, haben wir uns von der zweiten Antwort überzeugt, daß die so und nicht anders gewordene Kirchenverfassung, früher sicher einmal gültig und richtig, die Menschen von heute in ihrer Freiheit und Eigendynamik nicht akzeptieren gelernt hat. Die Kirche war früher für die Menschen zwar wie eine Mutter, aber doch eine Mutter mit einer gluckenhaften Liebe, die die heranwachsenden Söhne und Töchter nicht erwachsen sein lassen wollte, die menschliche Werdedynamik zum eigenen Charisma hin zu verhindern suchte, die vor allem keine Formen von Gemeinschaft und »Kirche« zuließ, in denen Menschen frei von Neurosen aufzuwachsen und sich einzubringen imstande waren.

Im Glauben an das eigene System hat sie freie, erlöste Menschen verhindert. Sie hat schließlich Gott verhindert. Dabei wurde sie nicht zu Unrecht zu einem Stein des Anstoßes, dem es sich im Namen Gottes zu widersetzen galt. So sind unsere Haus- und Kleinkirchen im Grunde nichts anderes als das Ergebnis des Aufstandes des domestizierten Gottes und der maß-geschneiderten Menschen, die sich im Namen Gottes zu eigener Freiheit und Würde berufen wissen. Denn nach einem Wort von Irenäus von Lyon († 202) ist die Ehre Gottes der lebendige Mensch. Gloria dei vivens homo!

Neuer Wein sprengt alte Schläuche

Diese Erfahrung machen wir seit einigen Jahrzehnten. Wir machen sie besonders dann, wenn uns der Stadtbischof alle zwei Monate zu unseren gemeinsamen Treffen zusammenruft. Diese Treffen bestehen – neben Wortgottesdienst, Eucharistiefeier und Agape – zu einem guten Teil aus Berichten über unsere Initiativen, Aktivitäten und die innere geistige Ausrichtung, die uns eint und belebt. Was die »Spiritualität« betrifft, sind wir uns alle einig: Es geht um das Heutewerden der Praxis Jesu, um die Aktualisierung einer Botschaft, die das Heute der Menschen umfaßt und sich auf das Morgen einer Wiederkunft ausrichtet, deren Zeit und Stunde zu wissen allein Gott vorbehalten ist (vgl. Mk 13,32).

Der stets »neue Wein« des Evangeliums hat – das ist unübersehbar geworden – viele Kräfte unter den Gläubigen hervorgerufen und entfaltet. Diese werden nicht voreilig »übernatürlich« interpretiert, sie haben wenig mit träumerischem und esoterischem Enthusiasmus zu tun. Vielmehr knüpfen sie an die natürlichen Gaben, Begabungen und Fähigkeiten von uns allen an und werden in den Dienst einer Aufgabe gestellt, die den Aufbau und die ständige Erneuerung der Gemeinschaften im Auge hat. Denn alle sind in der Taufe zu einem einzigen Leib geworden und Gott gab den einen die Fähigkeit, Auge zu sein, den anderen die Kraft, Hand, Fuß, Ohr oder Kopf ... zu werden, also die Gabe der Weisheit, der Erkenntnis, der Glaubenskraft, der Heilung, des prophetischen Redens oder der Unterscheidung der Geister (vgl. 1 Kor 12 und 13; Röm 12).

Der Aufbau von Kleinkirchen und Gemeinschaften »von den Menschen her« – auf dem Boden der ihnen von Gott gegebenen Charismen und Fähigkeiten – ist keineswegs selbstverständlich, obwohl die gesamte Geschichte der Christenheit immer wieder Initiativen und Reformbewegungen hervorgebracht hat, die sich auf diesen ursprünglichen Geist des Evangeliums beriefen.

Schon Paulus wollte in seinem Gemeindeverständnis von dem einen Geist und den vielen verschiedenen Diensten, von dem einen Leib und den vielen Gliedern, alle Gläubigen als »Subjekte« in das Werk der Evangelisierung aktiv einbeziehen. Bei ihm hing das Gelingen dieses Werkes geradezu von der Frage ab, ob und wie es gelang, all die verschiedenen Gnadengaben stets in der Liebe zu einen. Denn prophetisches Reden, alle großen wissenschaftlichen Erkenntnisse, alle Glaubenskraft und selbst die Kraft zum Martyrium wären für ihn umsonst, wenn die höheren Gnadengaben des Glaubens, der Hoffnung und besonders der Liebe nicht stark genug wären, das Werk des »Leibes Christi« glaubhaft in der Welt zur Darstellung und Entfaltung zu bringen.

Aber gerade dieses Kernanliegen, durch das Zeugnis der vielen in der Einheit der Gemeinde »Licht der Welt« und »Salz der Erde« zu werden, ist leider allzuoft mißachtet worden – nicht einfach nur verursacht durch Fehler und Schwächen von einzelnen, sondern in weit größerem Maße durch geistesgeschichtliche Entwicklungen und kirchenpolitische Aktivitäten.

Diese führten nämlich dazu, daß die ursprüngliche Botschaft, die alle Menschen guten Willens mit ihren verschiedensten Begabungen einbeziehen wollte, in die Hände und Köpfe von philosophisch und theologisch Wissenden, von juridisch Geschulten und hierarchisch Erfolgreichen geriet. Das Christentum, geprägt von Gebildeten in Verbindung und im Bündnis mit politisch Mächtigen, wurde so die Angelegenheit einer elitär-patriarchalischen Oberschicht, und die »vox populi« wurde mehr und mehr in die Rolle von Untertänigkeit und Gehorsam gedrängt.

Der Vorgang der Entfremdung zeigte sich schon sehr früh, vor allem in Ländern außerhalb des christlichen Abendlandes. Ein Beispiel dafür ist Nordafrika. Im 4. Jahrhundert christlich geworden, taten sich dort schon bald bedeutende theologische Persönlichkeiten und Zeugen der christlichen Botschaft hervor: Tertullian, Cyprian, Augustinus ... Den überwiegenden Anteil der einheimischen Bevölkerung stellten die Berber. Diese waren allerdings nur »dem Taufschein nach« christianisiert; denn die eigentlichen Träger und Gestalter des kirchlichen Lebens gehörten der römischen und griechischen Mittelklasse an. Als »Kolonisten« lebten sie von der einheimischen Bevölkerung getrennt.

Als die Berber in der Bewegung der Donatisten den ersten Versuch wagten, eine »echt afrikanische Kirche« zu schaffen, wurde dieser Versuch von der römisch-katholischen Kirche, mit Hilfe des Kaisers, zunichte gemacht. Dabei war es den Berbern darum gegangen, eine Form des Christentums ins Leben zu rufen, in der ihre sozialen, kulturellen und politischen Hoffnungen weiterleben konnten. Weil durch die erwähnten Unterdrückungsmaßnahmen sich keine wirklich von der Bevölkerung getragene einheimische Kirche entwickeln konnte, wurde im 7. Jahrhundert das Christentum Nordafrikas mit Leichtigkeit vom Ansturm des Islam hinweggefegt. Bis heute stellt sich der Islam auf diesem Kontinent als die eigentliche Religion der Afrikaner dar.

Bei unseren gemeinsamen Begegnungen melden sich mit solchen und ähnlichen Beispielen immer wieder unsere »Historiker« zu Wort. Sie verbinden damit die Absicht, daß wir aus der Geschichte lernen, statt die Fehler der Vergangenheit zu wiederholen. Denn das Grundmuster der Christianisierung der Völker durch das Abendland scheint sich in allen Epochen wiederholt zu haben. Den »Bekehrten« in Afrika, Asien und Lateinamerika wurde keine Selbstwerdung bzw. eigene Identität im Glauben ermöglicht. Durch die Einführung und Anwendung vorfabrizierter Theologien und Traditionen wurde den Völkern eine Fremdbestimmung bzw. »geliehene Identität« zugemutet, die eigentlich nur so lange aufrecht erhalten werden konnten, als Kolonialherren und politische Machthaber an diesem Werk der Beherrschung der Völker Anteil nahmen bzw. Interesse zeigten.

Es scheint ein stets wiederkehrendes Drama der Geschichte, daß christlich gewordene Völker immer dann von ihrem Glauben Abschied zu nehmen bereit waren und sind, wenn Emanzipations- und Befreiungsbewegungen die Gesamtheit des Volkes erfaßten. Das Christentum hatte sich eine Form und Gestalt von »Kirche« zugelegt, in der Worte wie Freiheit, Gleichheit, Brüderlichkeit, Geschwisterlichkeit und »Menschenwürde für alle« keine besondere Beachtung fanden.

Die Zementierung des abendländischen Christentums zu einem theologischen System von Glaubenssätzen und juridischen Absicherungen hat anderseits immer wieder zur Neubesinnung auf das Evangelium geführt. Sehr oft waren es Ordensgründerinnen und -gründer, die sich als »Stachel im Fleisch« erwiesen. Nicht selten wurden ihre Initiativen mit Mißtrauen bedacht, oder sie wurden an das herkömmliche System angepaßt, so daß sie schon sehr schnell ihre Ursprünglichkeit und Originalität einbüßten. Als Gruppierungen mit einem Sonderstatus erhielten sie ein Lebensrecht, welches ihnen eigene Rollen und Aufgaben in Kirche und Welt zuerkannte. Aber das Ganze des christlichen Volkes wurde dadurch nicht aktiviert. Bis zu einem bestimmten Zeitpunkt war dies auch nicht möglich, weil sich die Sozialisierungsprozesse in der Kirche ähnlich gestalteten wie in den Staatsgefügen.

Das änderte sich erst grundlegend mit dem Aufkommen der modernen demokratischen Bewegungen in Verbindung mit den neuen Ideen des Humanismus und der Aufklärung. Weil sich die herkömmliche Kirche als nicht imstande zeigte, sich an solchen Prozessen zu beteiligen, ist es kein Zufall, daß seitdem emanzipatorisch-religiöse Bewegungen außerhalb der Großkirchen aus dem Boden schossen. Solche hatte es zwar schon immer gegeben, aber die modernen Demokratien verstärkten ihre Möglichkeiten und ihren Einfluß. Die Kirche fuhr dabei fort, sie zu ignorieren oder sie zu fürchten. Während diese religiösen Bewegungen selbst dazu neigten, sich in theologische Sackgassen zu begeben, und recht anfällig waren für sie entlarvende Kritik, fand die Kirche ihrerseits keinen anderen Weg als den herkömmlichen, mit ihnen fertig bzw. nicht fertig zu werden. Wie schon immer wurden die Sekten und ihre Mitglieder aus theologischen Gründen, bei denen es um Wahrheitsdefinitionen ging, verurteilt oder exkommuniziert.

Dennoch haben sich solche religiöse Bewegungen bisweilen als lebensfähiger, kraftvoller und widerstandsfähiger gegenüber dem »Ungeist der Welt« erwiesen als die in der wahren Orthodoxie Beheimateten. Das zeigte sich schon in früheren Zeiten. So trennten sich z. B. die ägyptischen Monophysiten im Anschluß an das Konzil von Chalcedon (451) von der katholischen Kirche und der byzantinischen Orthodoxie. Die koptische Kirche wollte, offensichtlich eine »Häresie« dabei in Kauf nehmend, auf jeden Fall die eigene kulturelle, politische und religiöse Identität gewahrt wissen. Das hat sie – im Gegensatz zu der erwähnten nordafrikanischen Kirche – vor dem Ansturm des Islam gerettet. Bis in unsere Zeit hinein hat sie den Islam überlebt.

Nun, wir wollten bei unseren Treffen auf keinen Fall bei der Vergangenheit verweilen. Wir wollten vielmehr – aus der Geschichte lernend – unseren eigenen Weg in der Gegenwart beschreiten. Einen Weg als Antwort auf die modernen Herausforderungen zu finden, hatte sich als eine absolute Notwendigkeit für die Mitglieder der herkömmlichen Großkirchen erwiesen. Denn das Faktum des Entstehens von Sekten und eigenständigen religiösen Bewegungen hatte sich in der Neuzeit auf tausendfache Weise wiederholt. Überall schossen sie aus dem Boden, vor allem auch in den sogenannten industrialisierten und säkularisierten Ländern, die wegen ihrer kirchlichen Abstinenz und Abständigkeit sehr lange als »atheistisch«, »häretisch« oder »sektiererisch« abgetan wurden. Allzusehr auf die »böse Welt« fixiert und eingemauert in einem fundierten theologischen System, waren die religiösen und menschlichen Dynamismen übersehen worden, die nach Heil und Erlösung verlangten. Es hat sehr lange gedauert, bis sich in manchen offiziellen Kreisen die Vermutung oder wenigstens Ahnung durchgesetzt hat, daß den unendlich vielen religiösen Bewegungen durch theologische Sätze, Katechismen, Informationsabende und »offizielle Klarstellungen« nicht beizukommen war.

Denn das »neue Denken«, in früheren Jahrhunderten nur in kleinen Rinnsalen sichtbar und von den mächtigen Trutzburgen des Herkömmlichen aus leicht einzudämmen, hatte sich zu einem mächtigen Strom entwickelt, dem die Großkirchen nichts oder kaum etwas entgegenzusetzen hatten. Es waren im Grunde neue Autoritäten, die das Leben der »modernistischen« Menschen bestimmten und die sich weltweit – falls sie überhaupt religiös und christlich bleiben wollten – auf biblisches Denken zu berufen verstanden.

In früheren Jahrhunderten hatte es in Staat und Kirche bestimmte Autoritäten gegeben, die überall angenommen wurden und akzeptiert werden mußten, ob man wollte oder nicht. Sie hießen: Kaiser, König, Richter, Lehrer, Bürgermeister ... Und auf kirchlicher Seite: Papst, Bischof, Priester ... Und natürlich das, was sie vertraten: dogmatische Lehren, moralische Vorschriften, traditionsreichen und folkloristisch geprägten Glauben. Die Menschen heute halten nach anderen Autoritäten Ausschau: ihre eigene Lebensgeschichte und Lebenserfahrung, ihre eigene Freiheit, ihr eigenes Gewissen, ihre Kreativität und der Wille, das Leben selbst in die Hand zu nehmen und mit anderen zu gestalten. Während das frühere Denken begleitet war von Formen der

Sozialisation, die das hierarchische Kirchenmodell stärkten, ist das neue dazu angetan, Sozialformen von Kirche zu schaffen, die auf die jeweiligen Menschen zugeschnitten sind bzw. ihrem Empfinden entsprechen.

Dabei hat sich ein Glaubens- und Wahrheitsverständnis mehr und mehr durchgesetzt, welches weniger nach dem theologischen Intellekt oder nach kirchenrechtlichen Vorgaben fragt, sondern nach dem notwendigen Tun als Antwort auf konkrete Herausforderungen der Zeit. Nicht das »denkende Denken« um seiner selbst willen, welches sich von einem logischen Schluß zu einem anderen vorantastet, um zu zeitlos gültigen Aussagen zu kommen, erscheint als besonders wichtig. Eher das Denken als Tun, als bewährtes und erfahrenes Handeln, als Wahrheit, die konkret gestiftet wird und sich im Jetzt ereignet. Wahrheit also, die im Blick auf die Person Jesu personale, personalisierende und gemeinschaftsstiftende Kräfte entfaltet und partnerschaftliche Kooperation ermöglicht!

In unseren Kleinkirchen ist ein Glaubensbewußtsein erwacht, welches nach dem Menschen fragt, nach seinen Gaben und Grenzen (fides quaerens hominem). Es ist in solchen Christen zuerst erwacht, die die Dynamik der religiösen Bewegungen bzw. moderner Gesellschaften nicht ungenutzt vorbeiziehen lassen wollten. Es hat Laien aller Kategorien auf den Plan gerufen, die nicht mehr nach dem Unterschied fragen zwischen Laien und Klerus, zwischen diesen und jenen Strukturen und Organisationen, zwischen dieser oder jener theologischen Lehrmeinung, sondern nach den Gaben und Fähigkeiten der Menschen – nach ihrer Bereitschaft, eine herkömmliche Bettler- und Gehorsamsmentalität »von oben nach unten« zu überwinden und not-wendende Aufgaben zu übernehmen, die als Dienste zusammengenommen die Fülle Christi repräsentieren.

Es besteht kein Zweifel, daß die dabei entstandenen Formen von Kleinkirchen außerordentlich humanisierende und christianisierende Wirkungen gezeitigt haben. Zunächst ist »das Volk« wieder Subjekt und Träger der Evangelisierung geworden, statt Objekt und Empfänger von Wahrheiten zu sein. Die jeweils ergriffenen Initiativen spiegeln in ihrer Vielfältigkeit die Bedürfnisse der Menschen und Gesellschaften von heute wider. Sie werden auch der Tatsache gerecht, daß die Menschen von heute nicht mehr an nationale oder rassische Grenzen gebunden sind. Durch den weltweiten Informations- und Gedankenaustausch, durch die schnellen Reiseverbindungen an jeden Ort der Welt, sind sie »Kosmopoliten« geworden, die in wenigen Sekunden Bescheid wissen können über das, was in anderen Ländern und Kontinenten geschieht, wie Menschen anderer Religionen und Weltanschauungen leben, was sie trägt und bewegt.

Das weltweit gewordene Denken hat auch ihr Gottesbild verändert. Wenn Menschen überhaupt noch religiös zu denken gewillt sind, so ist ihr Gott ein Gott der Natur, des Kosmos, der gesamten Schöpfung, der sich allen Menschen guten Willens zuwendet und der aus allen Völkern, Rassen und Religionen Menschen seiner Gnade und Huld beruft. Er ist jedenfalls kein Gott von privilegierten Institutionen oder theologisch-konfessionellen Grenzen, kein Gott, der von bestimmten Menschen beschlagnahmt und vereinnahmt werden könnte, sondern ein Gott, der zu retten kommt, was zu retten ist, der heilt, wo etwas zu heilen ist, der erlöst, wo unerlöstes Dasein menschliches Leben bestimmt.

Für uns Christen hat sich dieses universale Bild Gottes, der niemals aufgehört hat, dem Menschengeschlecht nahe zu sein, in der Person Jesu vollendet gezeigt. In ihm ist es zu einem einmaligen geschichtlichen Ereignis geworden. Das Ereignis Gottes in Jesus von Nazareth im Fortlauf der Geschichte nachzuvollziehen, es im zeitlichen und situationsbedingten Hier und Heute zu aktualisieren und in der Welt glaubhaft zu bezeugen, in der Liebe zu einen und zusammenzuführen, was sich an Gutem in Menschen und in der

Menschheit vorfindet – darin sehen wir als »fortlebender Christus« das Hauptgebot.

Im Blick auf den Gott des Kosmos sind wir Christen nicht die einzigen, die der Welt etwas zu vermitteln haben. Unsere Hauptaufgabe besteht darin, das Werk der Weitergabe des Evangeliums so zu gestalten und zu organisieren, daß es in lebendigen Austausch mit allen Menschen guten Willens treten kann. Es geht darum, alles christlich bzw. auf Christus hin zu orientieren bzw. von Christus her zu verstehen, was Gott vom Anfang der Schöpfung an in der Menschheit an Gutem, Wahrem und Schönem grundgelegt hat. Die Gestaltung des christlichen Lebens vom Evangelium her macht es uns als Gemeinschaft von Getauften möglich, die notwendige innere Überzeugung und Standfestigkeit zu gewinnen. So können wir uns auf Andersdenkende einlassen, ohne uns selbst aufzugeben und ohne die anderen zu zwingen, ihre Werte und Anschauungen zu leugnen. Das Evangelium hat uns immer wieder geholfen, unseren eigenen Standpunkt zu klären, zu vertiefen und darum auch vertreten zu können.

Wie reich das Leben von Menschen anderer Religionen und Kulturen sein kann, das zeigt sich in ihrer teilweise ruhmreichen und schöpferischen Geschichte, in der Art ihres Denkens, die uns schon oft weitergeholfen hat. Hin und wieder warten bei unseren Treffen einige unserer »Literaten«, z. B. Anna und Justus, mit Geschichten auf, die wie biblische Gleichnisse aus anderen Religionen sind. Lebte Jesus heute, hätte er sie sicher aufgegriffen, um uns darin die neue Lebensweise zu erläutern, die im Blick auf das Kommen des Reiches Gottes notwendig ist.

Da ist beispielsweise die Erzählung von dem buddhistischen Gelehrten. In der Geschichte kommt ein Europäer vor. Dieser zog eines Tages nach Japan, um dort einem Gelehrten zu begegnen. Er sagte zu ihm: Führen Sie mich ein in den Geist japanischer Kultur, in die Religion des Buddhismus, in die Zen-Meditation ...

Statt zu antworten, fragte ihn dieser: Möchten Sie eine Tasse Tee? Darauf goß er ihm Tee in die Tasse. Als sie bis an den Rand gefüllt war, schüttete er immer weiter, so daß sich der Tee über die Tischdecke und den ganzen Tisch ergroß. Da rief der Europäer: Sehen Sie denn nicht, daß die Tasse schon lang bis an den Rand gefüllt ist? Darauf der japanische Buddhist: Genau das wollte ich Ihnen sagen: Wenn ihr Europäer auszieht, um den Fernen Osten zu begreifen, dann seid ihr bis an den Rand voll mit euren eigenen Vorstellungen, Gedanken, Ideen, Meinungen. Es ist unmöglich, da noch etwas hineinzugießen, ohne daß es überfließt und verlorengeht.

Diese Geschichte war uns ein herrliches Beispiel für unseren Umgang untereinander und mit anderen. Denn oft sind wir so voll von uns selbst, unserem eigenen Ehrgeiz, unseren Gedanken und Zukunftsplänen, daß wir leicht die Antenne verlieren für Äußerungen, die von einem anderen kommen.

Mit dem Voll-sein von sich selbst verbindet sich leicht Selbstüberzogenheit und Selbstbezogenheit, so daß man andere Meinungen nicht gelten lassen will, den guten Rat eines Freundes nicht anzunehmen und die besten Gedanken von Mitmenschen nicht aufzunehmen vermag. Wer voll ist von sich selbst, verliert den Sinn für andere, für das, was sie sind, einem mitgeben und schenken könnten. Im Kreisen um sich selbst liegt wohl jene Art des »Reichtums« verborgen, von dem die Heilige Schrift sagt, daß es ein Reichtum ist, der in Wirklichkeit Armut bedeutet.

Weil wir oft verschlossen bleiben für die Belange unseres Nächsten, aber auch für jene Werte und Anregungen, die Gott in der Alltäglichkeit des Lebens vermitteln will, bleiben wir innerlich leer und ausgelaugt. So erklärt sich manche paradoxe Situation: Überbeschäftigt mit uns selbst und unseren eigenen Sorgen, bleiben wir doch ohne Impulse und daher unausgefüllt. Weil wir an nichts mehr zu glauben vermögen, was außerhalb unseres Horizontes liegt, bleibt unser

Leben ohne Lichtblick, ohne Zukunftsperspektive, ohne Hoffnung, ohne Freude.

Übrigens hat sich im *Leben des Buddha*, des Gründers der Weltreligion des Buddhismus, etwas zugetragen, was für alle Buddhisten bezeichnend und maßgeblich geblieben ist. Buddha, um 560 v. Chr. geboren, lebte in einer Zeit großer geistiger Zerrissenheit, in der viele religiöse Lehrer auftraten und widersprüchliche Lehren über das Leben und Schicksal des Menschen verkündeten. Aber es blieb nicht nur bei der Verkündigung vieler sich widersprechender Auffassungen. Die Leute stritten auch miteinander und gegeneinander, so daß von Eintracht und Frieden unter ihnen keine Rede sein konnte. In dieser Situation fragten die Jünger des Buddha ihren Lehrer und Meister: »Sage du uns: Gibt es einen ewigen Gott oder gibt es ihn nicht? Gibt es nur einen oder gibt es viele Götter? Hat der Mensch eine unsterbliche Seele oder hat er keine? Wird es nach dem Tode ein Weiterleben und eine Auferstehung des Menschen geben, oder wird es mit dem Leben endgültig zu Ende sein?«

Die Jünger des Buddha waren sehr erstaunt, als ihnen ihr Lehrer keine Antwort auf ihre Fragen gab. Er schwieg. Statt dessen erklärte er: »Ich habe euch nicht gesagt, daß es einen Gott gibt, noch, daß es keinen Gott gibt. Ich habe weder von der Existenz eines Gottes noch von der Existenz vieler Götter gesprochen. Auch habe ich nichts über die Sterblichkeit und nichts über die Unsterblichkeit der Seele gesagt. Genausowenig, wie ich mich über das Fortleben nach dem Tode äußerte, habe ich eine Meinung über den ewigen Tod, das ewige Vergehen des Menschen vertreten. Denn was nützt es, wenn ich zu den vielen Meinungen, die es über diese Fragen schon gibt, noch eine weitere hinzufüge? Indem wir Menschen nämlich Meinung gegen Meinung stellen, geraten wir in Streit; unsere Meinungsverschiedenheiten dienen nur der Eitelkeit, zerstören das Zusammenleben, verleiten zu Feindschaft, Haß und Krieg. Auf keinen Fall bringen sie Frieden in die Welt; sie geben weder dem einzelnen Ruhe, noch verschaffen sie der Menschheit die Möglichkeit eines erlösten und frohen Lebenswandels.«

Der Buddha verzichtete also darauf, über Unsagbares etwas auszusagen oder sich auf Spekulationen und zum Widerspruch reizende Behauptungen einzulassen. Lieber wollte er einen Weg gehen, von dem er sagte, daß er zur Erleuchtung und zum Frieden führt.

Gewiß, im Gegensatz zu Buddha ist das Leben Jesu alles andere als »Meditation«, Friede und Erleuchtung gewesen. Jesus hat sich nicht aus der Welt des allumfassenden Leidens zurückgezogen, um ein Erleuchteter zu werden. Er war gekommen, die Welt zu verändern. Dabei war er alles andere als der Gefangene einer Gesetzesfrömmigkeit oder einer menschengemachten religiösen Praxis. Er sprengte immer wieder herkömmliches Denken und traditionelles Handeln, indem er sich auf Menschen und Situationen einließ, die nicht in hausgemachte Schablonen paßten. Der neue Geist des Evangeliums brach Vorstellungen und Gedanken auf, in denen sich rechtschaffene Menschen so gerne einrichten und häuslich niederzulassen bereit sind. Wo es um die Wirklichkeit einer heute schon anbrechenden Gottesherrschaft geht, da »wartet die ganze Schöpfung sehnsüchtig auf das Offenbarwerden der Söhne Gottes ... Auch die Schöpfung soll von der Sklaverei und Verlorenheit befreit werden zur Freiheit und Herrlichkeit der Kinder Gottes. Denn wir wissen, daß die gesamte Schöpfung bis zum heutigen Tag seufzt und in Geburtswehen liegt« (vgl. Röm 8,19–30).

Im Blick auf das, was uns Christen im Dienst an der Welt für heute und morgen aufgegeben ist, haben wir die Erfahrung von zwei unverzichtbaren Notwendigkeiten gemacht. Auf der einen Seite braucht jeder von uns in Gruppen und Kleinkirchen ein festes Standbein. In einer Welt von Anfechtungen und Irreführungen ist ein religiöses Zuhause notwendig, in dem einer den anderen trägt, in dem einer des anderen Last mitzutragen fähig ist (vgl. Apg 15,32; 15,41; Lk 22,32; Gal 6,2). Auf der anderen Seite bedarf es einer dauernden Offenheit und Bereitschaft denen gegenüber, die »draußen« sind; die aber in dem Sinne bereits »drin« sind, als Gott nie aufgehört hat, ein Gott der ganzen Schöpfung zu sein. Gerade sie warten, ohne sich dessen vielleicht bewußt zu sein, auf das Offenbarwerden der Kinder Gottes – nicht durch schöne Reden und amtliche Verlautbarungen, sondern durch Gottes Weisheit und Gottes Kraft (vgl. Apg 4,32; 1 Kor 2,1 ff.).

Gottesdynamik durch Menschendynamik

Wenn wir uns bei unseren Treffen immer wieder zu einer »Bestandsaufnahme« zusammenfinden und den Weg anschauen, den wir bereits miteinander gegangen sind, sind wir uns alle darin einig, daß wir zu einer neuen Freiheit gefunden haben. Dabei sind wir gar nicht unbedingt sicher, daß es sich immer um die »Freiheit der Herrlichkeit der Kinder Gottes handelt« oder um die Freiheit »im Geist des Herrn«, die Paulus immer wieder beschwört (vgl. Röm 8,21; 2 Kor 3,17). Denn manchmal nehmen wir uns »Freiheiten« heraus – einzelne in der Gruppe oder Kleinkirchen gegenüber anderen –, die eher der Welt gegenüber Anstoß erregen, weil sie nicht vom Geist des Herrn bestimmt sind. Daran erkennen wir dann, daß auch die Freiheit der Kinder Gottes nicht das Ende der Probleme darstellt, sondern den Anfang neuer Infragestellungen und Schwierigkeiten.

Denn Freiheit muß lebenslang gelernt werden. Das geht aber nur, wenn jeder das Beste gibt und einsetzt. Wir müssen dabei sogar akzeptieren und in Kauf nehmen, daß manche nicht über den eigenen Schatten ihres Temperamentes, ihrer Einseitigkeiten und Engstirnigkeiten zu springen in der Lage bzw. bereit sind. Bisweilen haben wir schlechte Entscheidungen getroffen. Wir sind nicht unbedingt gegen die Versuchung gefeit, zeitweilig krumme und holprige Wege zu gehen. Manchmal merken wir erst im Nachhinein und an der Reaktion von anderen, wie sehr wir alle oder einige von uns »verlorene Söhne oder Töchter« geworden und auf Abwege geraten sind. Dabei ist uns die Erfahrung wichtig geworden, daß die eigentlichen Probleme des Christseins nicht so sehr auf der Ebene der »reinen Lehre« vorzufinden sind als vielmehr auf der Ebene der Beziehungen untereinander; im Bereich der Lebensgestaltung, bei der es darum geht, Farbe zu bekennen und deutlich zu machen, aus welchen Quellen wir leben und was uns jeweils exemplarisch vor Augen steht – bei allem nur fragmentarischen Gelingen.

Um mit solcher problem- und konfliktreichen »Freiheit der Kinder Gottes« umgehen und leben zu lernen, bedarf es naturgemäß ganz anderer »christlicher Tugenden« als in früheren Zeiten, in denen man durch Gehorsam, Disziplin, Ordnung, Vorschrift und Gesetz »christliches Leben« durchzusetzen versuchte. Leider fand damals die biblische Freiheit der Kinder Gottes keine große Beachtung, auch nicht die personale Würde des einzelnen, die menschlichen Fähigkeiten und und göttlichen Gaben, die etwas mit der Schöpferkraft Gottes und seinem nie aufhörendem Erlösungswirken zu tun haben.

Freiheit der Kinder Gottes kann man nur einüben, wenn man sich auf den Wegcharakter des Lebens einläßt – mit allen Möglichkeiten der Tritte und Fehltritte – oder auf die Aufgaben, die sich einem beim Gehen des Weges stellen. Dann werden sich die Beteiligten selbst zur Aufgabe. Indem sie Verantwortung in Kirche und Gesellschaft übernehmen, wissen sie sich immer wieder zurückgeworfen und verwiesen auf die eigenen Gaben und Grenzen.

Insofern können alle Erfolge und Mißerfolge, befreiende Erlebnisse und Niederlagen, Schläge und Rückschläge zu stets wiederkehrenden bereichernden Erfahrungen werden. Oft wird man aus Schaden erst klug. Beim Tun kommt man zu neuen Erkenntnissen, Einsichten und zu bisher nicht gekannten gemeinsamen Verhaltensweisen, die allein helfen können, mit stets neu auftretenden Schwierigkeiten und Aufgaben fertig zu werden. Was da im gemeinsamen Bemühen wächst, nennt Paulus die »Früchte des Geistes«: Liebe, Freude, Friede, Langmut, Freundlichkeit, Güte, Treue, Sanftmut, Selbstbeherrschung und Geduld, die »Bewährung« bewirken (vgl. Gal 5,15–26; Röm 5,4). Sie stehen im Gegensatz zu den »Werken des Fleisches«: Unzucht, Unsittlichkeit, ausschweifendes Leben, Götzendienst, Zauberei, Feindschaften, Streit, Eifersucht, Jähzorn, Eigennutz, Spaltungen, Parteiungen, Neid und Mißgunst, Trink- und Eßgelage – alles Auswüchse, die um so mehr ihr Unwesen treiben, je weniger Gemeinsamkeit gelingt.

Denn nach all den Erfahrungen, die wir bisher gemacht haben, sind wir uns alle in der Überzeugung einig geworden, daß solche und ähnliche »Früchte des Geistes« in Reden und Predigten nichtssagende und hohle Worte bleiben. Sie werden erst erfahrbar und hautnah erlebt, wenn Christen aus »Kirche« wieder das machen, was sie sein soll: eine Gemeinschaft von Menschen, die im Namen Gottes zu üben bereit ist, was Jesus und die ersten Christen exemplarisch gelebt haben bzw. zu praktizieren versuchten.

Wie wir voneinander wissen, hat jede unserer Kleinkirchen ihre eigenen Erfahrungen gemacht. Erst »richtig« in dem Augenblick, als Christen »Kirche« zu leben versuchten und Aufgaben übernahmen, die dem Aufbau und der Gemeinschaft aller dienlich sind. Da gibt es Kleinkirchen, die ihren Schwerpunkt auf sakramentale Praxis legen. Wie schon berichtet, finden sie im Zusammenhang von Taufe, Firmung, Kranken- und Trauerpastoral Zugang zu Menschen, die dem Christentum und der herkömmlichen Kirche fernstehen, die aber doch ein gewisses Zusammengehörigkeitsgefühl bewahrt haben. Dieses wird insofern verstärkt, als ihnen ein Zugang zu einer Form von Kirche ermöglicht wird, die keine anonyme Massenveranstaltung darstellt, sondern eine Ermöglichung zu Kontaktaufnahme, Gespräch, Erfahrungsaustausch, Freundschaft und Gemeinschaft.

Während bei diesen Gruppen die Zusammenkünfte sehr biblisch orientiert sind, liegt bei anderen ein starkes literarisches Interesse vor, das heißt, manche Kleinkirchen haben sich auf die »Spurensuche« nach religiösen Elementen in der modernen Literatur, Kunst und Musik gemacht. Ihre Zusammenkünfte sind bestimmt von modernen Symbolen, Texten und profanen Liedern, die meistens weder von Gott noch von Religion reden, die aber doch Sehnsüchte, Hoffnungen, Erwartungen nach einem ganz Anderen zum Ausdruck bringen.

Eines Tages – bei einem der großen Treffen – berichtete eine solche Gruppe über einen polnischen Film, den sie sich im Fernsehen angesehen hatte und der Gegenstand ihrer Gespräche wurde. Im Mittelpunkt des Filmes steht das Lebensschicksal des kleinen Jungen Karol. Er lebt mit seiner alleinstehenden Mutter zusammen. Von dieser wird er wohlbehütet, ja überbehütet und verwöhnt. Er ist intelligent, aber auch stets kränkelnd. So kommt er als Neuling in die Schule. Von den starken Jungen der Schulklasse wird er dauernd gehänselt, verspottet, zu Streichen herausgefordert, physisch und psychisch gequält. Eines Tages wird er von einer bösartigen Krankheit befallen. Er stirbt. Mit ihrem Klassenlehrer stehen die jugendlichen Übeltäter zerknirscht und weinend am Grab ihres Schulkameraden. Jeder hat eine Blume zum Abschied in der Hand. So endet der Film.

Der Mensch – Produkt und Ergebnis seiner Erziehung, seiner Umwelt? So haben wir gefragt. Wurde der kleine Karol nicht Opfer der stärkeren unbarmherzigen Schulkameraden? War er nicht schon zuvor Opfer seiner Mutter geworden, die ihn verwöhnte, verhätschelte und für das Leben untüchtig machte? »Die Hölle – das sind die anderen«, hat der französische Schriftsteller Jean Paul Sartre einmal geschrieben und dieser seiner Weltanschauung in vielen seiner Dramen und Erzählungen Ausdruck verliehen.

Dahinter scheint viel Lebenserfahrung zu stecken, wenn man bedenkt, daß Dichter und Schriftsteller ja eigentlich nichts anderes sein wollen als Beobachter des Lebens. In Bildern der Sprache halten sie es ihren Zeitgenossen wie einen Spiegel vor Augen. Auch im Film über den jungen Karol ist in der Schulklasse ein Gruppengesetz zur Anwendung gekommen. Von den Jungen wurden »Mutproben« verlangt. Um »Gruppeneinfluß« und »Ansehensgewinn« zu erreichen, steigerten sich ihre Verhaltensweisen. Aus dem anfänglichen Gehänsel wurde Spott, aus dem Spott brutale Herausforderung und Zerstörung.

Solcher Wille zur »Lebenssteigerung« scheint sich auch in anderen Lebensbereichen abzuspielen: im Kampf ums Dasein, um Macht und Prestige, um Geld und Geschäft. Immer ist da jemand, der den anderen in Frage stellt, der ihm Konkurrenz bietet, weil dessen Erfolg und Emporkommen zu einer Gefahr werden kann.

In dem *Theaterstück* »Das harte Brot« hat der französische Dramatiker Paul Claudel diese Eigendynamik einer Gesellschaft dargestellt, in der Männer und Frauen nur noch vom Geld und Fortkommen reden. Gewiß, in ihren Hinterköpfen sind bisweilen auch noch ein paar Ideale vorhanden, aber sie bestimmen nicht das Leben. Sie sind nicht stark genug, um zu verhindern, was faktisch geschieht: Im großen Welttheater einer vom Geschäft beherrschten Welt begegnen sich die Menschen kühl und berechnend – wie in einem Niemandsland, das keinem gehört und welches sich anzueignen doch alle denselben Ehrgeiz haben.

Wie konnte man hier eine »Alternative« finden? Wie konnten Christen das sein, wozu sie einen Auftrag hatten, nämlich ein Segen für die Welt? Um solche Fragen zu beantworten, mußten wir den Kontakt finden zu Leuten, die sich solche Filme und Theaterstücke anschauen, die sie produzieren, weil sie der Welt gegenüber etwas Wichtiges zur Sprache bringen wollen. Wir mußten literarische »Foren« schaffen, wo Menschen sich zusammenfinden, die vom offiziellen Glauben der herkömmlichen Kirchen sehr weit entfernt sind und von ihm vielfach nichts wissen wollen.

Dennoch – so stellte sich immer wieder heraus – offenbaren ihre »Suchbewegungen« tiefe Schichten der Seele, die nicht als rein »horizontal« oder »weltimmanent« zu verstehen sind. Letztlich liegen sie im Hader mit einer Welt, die alle ihre Einrichtungen auf einen fehlgeleiteten Willen zur Lebenssteigerung ausgerichtet hat, ohne daß sie ihr eine erlösende Alternative entgegenzusetzen hätten.

Solche Menschen sprechen eine ganze andere Sprache und entwickeln eine neuartige Symbolwelt, die die Worte »Gott« oder »Jenseits« ganz anders deuten als herkömmliche Traditionen. Wenn solche Worte überhaupt in den Mund genommen werden, stellen sie eher ein Geheimnis dar, etwas Unaussprechliches, etwas Erahntes und Erhofftes. Jedenfalls sind sie weit weg von der Annahme und Anmaßung, das Tiefste und Letzte Gottes jemals verbalisieren und definieren zu können. Wie für sie jeder Mensch in seiner Individualität, Einmaligkeit und Unwiederholbarkeit unaussprechlich bleibt – auch dann, wenn eine lebenslange Gemeinschaft und Kontaktmöglichkeit sie miteinander verbinden –, so bleiben erst recht »Gott« oder die Person Jesu in ihrer Größe unaussprechlich. Nur stets neue und erneuerte Zugänge zu ihnen lassen einen Blick in ein Geheimnis zu, welches niemand zu lüften die Arroganz aufbringen sollte. Für sie gelten alle Menschen und Institutionen als arrogant, unglaubwürdig und nicht beachtenswert, die in Sachen Religion und Glaube mit einer großen Selbstsicherheit zu Felde ziehen und mit einem Wissensanspruch auftreten, der bei ihnen selbst glaubwürdiges Lebenszeugnis verhindert.

Kleinkirchen, die von dieser ihrer Schwerpunktarbeit berichten, glauben den übrigen immer wieder die Überzeugung nahelegen zu müssen, daß sie es mit »modernen Menschen« zu tun haben, die bisweilen viel mehr »drin« sind, als sie es wissen und als herkömmliches Kirchesein es gestattet. Sie sprechen von der Entdeckung einer zutiefst christlichen Seele auch in säkularisierten Menschen – von einer »anima naturaliter christiana«, also von einem »Werk Gottes«, welches im Menschen schon begonnen hat, noch ehe überhaupt ein Kontakt oder eine Einflußnahme von außen möglich wurde. Jedenfalls hat sich für diese Kleinkirchen ein großes Feld der Entdeckung der »Spuren Gottes in der Welt« aufgetan. Diese zu ertasten, zu finden, zu klären, zu läutern und behutsam zu orientieren zu letzten Tiefen biblischer und christlicher Aussagen hin – darin sehen sie ihre Aufgabe. Sofern sie »Gemeinschaft« geworden sind, tritt uns durch sie eine »Kirche« entgegen, die Menschenorientierung und Verwurzelung schenkt, aus der sie selbst zu leben begonnen hat.

Eine dritte Ausrichtung von Kleinkirchen ist auf der Ebene sozialer und politischer Aktivitäten anzusiedeln. Da geht es um »weltliche Aufgaben« in Zusammenarbeit mit »weltlichen Leuten«, denen die Erhaltung der Schöpfung ein Anliegen ist, die Erziehung der Kinder und Jugendlichen zum Frieden. Da geht es um Konfliktfähigkeit und Strategien der Konfliktlösung, um Armut, Elend und die Unterentwicklung benachteiligter Menschen und Völker. Oft erweisen sich bei solchen Anliegen die Weltleute als engagierte Fachleute. Die Aufgabe, die sich den Christen als Christen dabei stellt, besteht in der religiös-biblischen Vertiefung, Verwurzelung und Verankerung solcher Anliegen – letztlich in der Klärung und Läuterung der Motivation der Engagierten, damit tatsächlich mehr Frieden und Gerechtigkeit in der Welt entstehen können.

Wo Christen sich auf solch vielfältige Weise auf eigene Füße stellen, wo sie sich zusammentun und dabei als »Kirche« verstehen, entstehen wie von selbst neue Dienste, Ämter und klar umrissene Verantwortlichkeiten. Denn den einen gab Gott das Charisma, mit Kranken und Alten umgehen zu können; den anderen die Gabe, Kinder und Jugendliche zu verstehen und anzuleiten; anderen die Fähigkeit, sich in Streit- und Konfliktsituationen zu bewähren. Da gibt es diejenigen, die sich um ein intensives Innen- und Gebetsleben bemühen. Andere haben eine große Sensibilität entwikkelt für Zeichen und Aufgaben der Zeit ...

Was auch immer die einzelnen Gemeinschaften unterscheidet oder zusammenführt – die Verschiedenheit macht stets die Einheit in der Ausrichtung auf den einen Herrn erforderlich, und der eine Glaube ermutigt zu vielfältigsten Ausformulierungen von Anliegen und Formen von Kirche und Gemeinschaft, die, alle zusammengenommen, die Fülle Christi repräsentieren. Deshalb sind auch alle bestrebt, sich regelmäßig als »Kleinkirche« zu Wortgottesdienst oder Eucharistiefeier zu versammeln. Manche tun es an Sonntagen, manche auch in der Woche, sofern es für die Beteiligten nicht anders möglich ist. Wenn nicht die große Versammlung für alle auf der Ebene der Stadt stattfindet, treffen sie sich in einem ihrer Häuser. Dann scheint die Stunde gekommen, in der es nicht auf den Ort der Anbetung Gottes ankommt; denn der Vater will angebetet werden »im Geist und in der Wahrheit« (vgl. Joh 4,20–24).

Wo die Christen guten Willens wieder ihre eigene religiöse Sprache gefunden haben, wo möglichst viele wieder »Subjekte« und Träger der Weitergabe des Glaubens geworden sind, da entwickeln sich, wie von selbst und aus der Natur der Sache heraus, anders geartete Tugenden und Verhaltensweisen als früher. Während im herkömmlichen Kirchenverständnis die Kommunikation »von oben nach unten« ging, während die Hirten redeten und die Schafe schwiegen oder zuhörten, während die einen verordneten und die anderen gehorchten, sind nun ganz andere Verhaltensmuster wichtig geworden. Sie richten sich nach den Gaben und Grenzen der einzelnen. Vom »Leiter« einer Kleinkirche ebenso wie vom Stadtbischof wird die Fähigkeit verlangt, mit Menschen umgehen zu können, sie richtig einzuschätzen und einzusetzen, sich mit anderen zu beraten, andere zu ermutigen und zu korrigieren, Verschiedenheiten auszugleichen und zu koordinieren, bei der Vielfalt Einheit zu stiften durch die ständige Konzentration auf das Wesentliche in der Praxis der Liebe.

Leiter kann deshalb auch nur jemand werden, der sich in diesen Eigenschaften im Leben bewährt hat. Während früher Theologen und Kirchenrechtler zu wichtigen Aufgaben berufen wurden, die leider sehr oft von Menschenführung und »Subsidiarität« nichts verstanden, sind es heute die bewährten Leute, die in »führende Ämter« berufen werden. Die Gaben der Häuslichkeit, der Gastfreundlichkeit, des flexiblen und inspirierenden Eingehens auf Menschen und Gemeinschaften müssen ihre hervorstechenden Eigenschaften sein. Wer sich darin bewährt hat, wird »auf Zeit« berufen. Denn nach langem Ringen haben sich Klein- und Stadtkirchen zu jenen Regelungen entschlossen, die in vielen Orden schon immer üblich waren: Nach einer bestimmten Anzahl von Jahren muß sich jeder Obere, auch jeder Geweihte, neu zur Wahl stellen. Denn was ist dabei, daß ein Bischof, der die besten Jahre seines Lebens diesem Amt geschenkt hat, als Leiter einer Gemeinschaft oder für eine andere Aufgabe wieder ins zweite Glied zurücktritt? Im früheren Kirchenverständnis hat sich der überalterte und unbewährte Episkopat und Presbyterat allzu oft als großer Nachteil und Schaden für die Gemeinden erwiesen.

Die Frage war auch lange heftig umstritten, wer das Bewährtsein eines Mannes oder einer Frau für eine leitende Aufgabe bestimmt bzw. feststellt? Gerade im Anschluß an frühere Bischofs- und Pfarrerernennungen, die ohne oder sogar gegen das Volk »von oben« verordnet wurden, hat es jahrzehntelang schwere Auseinandersetzungen gegeben. Das Volk hat sich nicht nur heftig gegen vorfabrizierte »Fallschirmbischöfe« und »Blaulichtpriester« gewehrt, es hat auch Ausschau gehalten nach geschichtlichen Modellen, die geeignet erschienen, der »Stimme des Volkes« als »Stimme Gottes« wieder ein neues theologisches und biblisch fundiertes Gewicht zu verleihen.

Seltsamerweise ist in solchen Zusammenhängen der Name eines Kirchenvaters aus dem 3. Jahrhundert immer mehr ins Gespräch gekommen. Cyprian von Karthago hat damals schon ein »klassisches Modell kirchlicher Demokratie« entwickelt. Wenn viele von uns auch nicht gerne von kirchlicher »Demokratie« sprechen – sie benutzen lieber die Worte »geistbegabte Gemeinschaft« oder »charismatisch ausgestattete Gemeinde« –, so sind sich doch alle ziemlich einig in den drei Postulaten, die Cyprian damals schon aufgestellt hat.

Das erste heißt: Nichts geht ohne den Bischof! Denn die Bischöfe standen immer schon in der direkten Nachfolge der Apostel. Damit dieses Amt stets im Volk, in der Gemeinde, in der Kirche zutiefst verwurzelt blieb, wurden in der alten Kirche die Bischöfe durch die Gemeinde gewählt. Allerdings bedurfte diese Wahl stets der Bestätigung durch die Bischöfe der Region bzw. durch die Metropoliten. Durch beide Maßnahmen wurde zum Ausdruck gebracht, daß der Bischof mit seiner Amtsvollmacht gegenüber dem gläubigen Volk, am meisten aber gegenüber der Botschaft Jesu verpflichtet bleibt.

Das zweite Prinzip lautete: Nichts geht ohne das Prebyterium der Priester! Durch die Wahl des Bischofs sollte auf jeden Fall verhindert werden, daß eine Kirche der Untergebenen entstand, also eine Gemeinschaft von Ungleichen. Deshalb wurden zuerst die Priester zu Rate gezogen bei der Frage, wer als besonders fähig und geeignet zum Leiten erschien, d. h. zur Gemeinschaftsstiftung, Gemeinschaftserhaltung, zur Kommunikation, zum Dialog, zur Einheitsstiftung bei der Vielfalt der von Gott gegebenen Charismen und Aufgaben. Nur wer die größte Begabung in diesen Eigenschaften besaß, wer als solcher von Gott am besten ausgestattet worden war und sich dabei bewährt hatte, von dem konnte auch angenommen werden, daß Gott ihn für dieses Amt ausersehen wollte. Die Meinungsbildung unter den mit ihrem Volk verbundenen Priestern war die beste Garantie dafür, daß der Wille Gottes tatsächlich zum Zuge kam und nicht irgendwelche menschlichen Manipulationen und Machenschaften.

Der dritte Grundsatz zielte speziell auf das gläubige Volk: Nichts geht ohne die Zustimmung des Volkes! Darin zeigte sich die Kirche besonders als Gemeinschaft von Partnern, von Gleichgestellten, von Brüdern und Schwestern. Das bedeutete keine unbedingte Einstimmigkeit, aber es machte doch ein ständiges Sprechen miteinander erforderlich – die Bereitschaft zu einem Konsens, um eine möglichst große Übereinstimmung zu erreichen. Diese war zweifellos nicht immer leicht und schnell zu finden. Oft gab es Auswüchse und lieblose Auseinandersetzungen. Aber das, wenn auch langsame, Zurückfinden zum unverzichtbaren Grundverhalten der Liebe und zum vertrauensvollen Gebet im Heiligen Geist hat letztlich mehr Zeugniskraft bewiesen als alle früheren amtlichen Vorentscheidungen und diplomatisch-geheimnisumwitterten Klimmzüge, die der Welt gegenüber den nachhaltigen Eindruck hinterließen, als sei da eine »Amtskirche« am Werk, die sich mit der Verwaltung und Bürokratisierung einer dummen und stummen Herde begnügte.

Wenn sich die neubelebten Prozesse einer kirchlich-demokratischen Tradition bisweilen auch als mühsam und spannungsreich erweisen, so können doch die meisten von uns heute nicht mehr anders leben. Es sind Strukturformen von Kirche entstanden, die bei der untersten Zelle der Kleinkirchen beginnen und auf der Ebene einer Stadt oder eines Gebietes unter kompetenter Leitung zusammengehalten werden. Diese werden schließlich zu größeren Diözesaneinheiten zusammengefaßt, wobei wiederum im Papstamt die alles einende Repräsentanz und Spitze anerkannt wird. Solche Formen von Kirche sind alles andere als reine Äußerlichkeiten. Sie spiegeln und repräsentieren jenen Geist des Evangeliums, dem es um das neue Volk Gottes geht und in dem jeder Getaufte seine Rolle und Aufgabe finden kann, wenn er guten Willens ist. Es ist wieder ein Stück Wirklichkeit geworden, was Paulus schreibt: Ihr seid alle »vom Geist erfüllt«. Weil alle zum Volk Gottes gehören, seid ihr alle »Geistliche« und Teilhaber des Geistes (vgl. Gal 6,1; Jak 5,19; 1 Kor 12).

Gewiß, solche Neustrukturierung der Kirche auf dem Boden der Dynamik Gottes, der sich der Menschen bedient, unterwirft den Glauben keineswegs einer parlamentarischen Ableitbarkeit. Aber die Zulassung der Rechte des Volkes Gottes und die gemeinsame Ausrichtung und Orientierung an der Praxis Jesu haben auch in früheren Krisenzeiten bewirkt, daß der Glaube lebendig erhalten blieb. Zum Beispiel wurde der Glaube an die Gottheit Jesu im 4. Jahrhundert weitgehend vom »consensus fidelium« verteidigt und weniger durch Papst, Bischöfe, Theologen, Kaiser, Konzilien und deren theologisch-politische Kompromißbereitschaft. Noch Papst Gregor VII. († 1085) vertrat die Auffassung, daß alle kirchlichen Angelegenheiten nur von der Kirche und nur von der Öffentlichkeit der Glaubenden entschieden werden können. Es war derselbe, der damals schon an den Priestern und Bischöfen seiner Zeit beklagte, daß sie zu sehr in den Sorgen der Administration aufgingen: »Siehe, die Welt wimmelt von Priestern, aber nur selten sieht man einen Arbeiter in Gottes Ernte.«

Wären sie bis heute mehr Arbeiter in Gottes Ernte geblieben – sicher hätten sie, auch in späteren Verfolgungszeiten unter Hitler, Stalin, Pinochet und anderen, ein feineres Gespür bewahrt für die »katholische Nase« des gläubigen Volkes. Denn allen kirchenamtlichen Ignorierungsversuchen zum Trotz ist es eben doch die Glaubenskraft des Volkes gewesen, welche es verhinderte, daß die Regenerationskraft der Kirche völlig abhanden kam. Schließlich war es auch das Volk, welches nach Jahrhunderten der Missions- und Kolonialgeschichte in Lateinamerika, Afrika und Asien seine Stimme erhob, um das christliche Gewissen der Kirchen- und Staatsobrigkeiten anzumahnen.

Aufs Ganze gesehen, hat sich also die Krise der Kirche in den modernen Gesellschaften als eine heilsame Krise erwiesen. Letztlich hat Gott aus Steinen wieder Kinder, Söhne und Töchter, erweckt (vgl. Mt 3,9; Lk 3,8). Denn diese haben ihre eigene Würde und personale Berufung wiedergefunden. Sie sind wieder fähig und bereit geworden, ihre Stimme zu erheben und eine eigene Sprache zu sprechen. Sie haben erkannt, daß sich die wegweisenden und geschichtsmächtigen Worte und Taten Jesu nicht in festen Formeln einfangen, nicht in zentralistischen Apparaten verwalten und nicht in selbsternannten Autoritäten repräsentieren lassen.

Im Gegenteil: Jesus hat sich selbst gegen »Sachwahrheiten« gewandt, gegen Lehrsysteme und Rechtsvorschriften, die für alle Gelegenheiten und Zeiten Gültigkeit beanspruchten, die aber, abstrakt und lebensfern, letztlich dem einzelnen Menschen nicht mehr gerecht zu werden vermochten. So ist er selbst als Weg, Wahrheit und Leben in die Mitte seiner Verkündigung getreten. Seine prophetisch-wegweisenden Taten haben sich besonders auf die konzentriert, die zu den verlorenen Söhnen und Töchtern des Volkes Israel gehörten. Weil diese am wenigsten zu gewinnen und nichts zu verlieren hatten, wurde ihnen der Sinn für das Kommen der Gottesherrschaft an erster Stelle zuerkannt (vgl. Mt 5,44; Lk 6,27.35).

So ist die Verkündigung des Reiches Gottes wieder in die Mitte unseres christlichen Lebens gerückt. Da geht es nicht einfach um Hoffnungen auf das Jenseits oder um schöngeistige Reden und wohlformulierte Sätze, sondern um das Hellhörig-Werden und Sehend-Werden für konkrete Augenblicke und Situationen des Lebens, die uns stündlich, täglich begegnen. In den konkreten Herausforderungen des Alltags sehen wir uns als Menschen wie als Christen in die Bewährung gestellt. Oft sind es unvorhergesehene Situationen, die die Sprache des Überraschenden und Ungewohnten sprechen. Sie werfen uns stets aus den Geleisen des Gewohnten und Herkömmlichen. Bei allen Mühen und Auseinandersetzungen, die es dabei gibt, ist doch eine zentrale Erfahrung für uns alle entscheidend geworden: Seit Jesus von Nazareth gibt es keine Bekehrung zu Gott, ohne daß wir uns zu konkreten Menschen und zu konkreten Aufgaben in der Welt bekehren.

Diese verlangen eine höhere Aufmerksamkeit als moralische Grundsätze und das Aufrechterhalten einer religiösen Betriebsamkeit. Sie schenken aber auch, von Augenblick zu Augenblick, von Tag zu Tag, mehr an »neuer« Erkenntnis und Wahrheit – nicht genug, um das Ganze des zukünftigen Weges übersehen zu können, aber doch hinreichend, um den Mut und die Zuversicht aufzubringen für die nächsten entschlossenen Taten.

So gestaltet sich der Weg als eine Strecke von der Kindheit bis zum Alter. Zuerst denkt man wie ein Kind, redet wie ein Kind, urteilt wie ein Kind. Dann aber, erfahren und erwachsen geworden, wird das Kindhafte abgelegt. Beim Gehen des gemeinsamen Weges bleiben zwar rätselhafte Umrisse wie ständige Begleiter. Stückwert bleibt alles Erkennen. Aber wie ein Senfkorn wächst die Hoffnung, daß wir immer mehr eingeführt werden in die Tiefe des Reichtums, der Weisheit und der Erkenntnis Gottes (vgl. 1 Kor 13,9–13; Röm 11,33).

Fritz Köster

KIRCHE IM KOMA?

Der Mut zu einer ganz anderen

2. Auflage 1989
200 Seiten, Paperback DM 26,–
ISBN 3-7820-0589-9

»Köster versucht aufzuzeigen, was die heutigen Menschen treibt und antreibt und schließlich aus der Kirche hinaustreibt. Er macht das sehr geschickt in fingierten Briefen an verschiedene Briefpartner. Das Buch ist provokativ und mitreißend zugleich und dazu kühn in der Diktion.«

LEO ETTLING
in Schweizerische Kirchenzeitung

»So offen und schonungslos, wie Köster Mißstände in der Kirche anprangert und die dafür Verantwortlichen kritisiert, so entschieden widersetzt er sich einer Haltung, die nicht die Konsequenzen aus der eigenen Kritik zu ziehen bereit ist, nämlich sich für eine grundlegende Reform der Kirche im Geiste ihres Stifters einzusetzen.«

NORBERT METTE
in Katechetische Blätter

»Man wünscht sich dieses Buch zur ruhigen Lektüre gerade in die Hände von solchen Zeitgenossen, die von der Kirche nichts mehr erwarten; aber ebenso ist es den Männern und Frauen (auch Priestern!) zu empfehlen, die Perspektiven für ihr Engagement in der Kirche für heute und morgen suchen.«

STEPHAN RICHTER
in Christ in der Gegenwart

VERLAG JOSEF KNECHT · FRANKFURT AM MAIN

FRITZ KÖSTER

AUTORITÄTENWECHSEL

Zurück zur Praxis Jesu

200 Seiten, Paperback DM 26,–
ISBN 3-7820-0605-4

»Sein Erfolgsbuch ›Kirche im Koma?‹ weiterführend, ist dem Autor wiederum ein ebenso kritisches wie konstruktives Buch zur heutigen Lage der Kirche und des Glaubens gelungen.«

Kalksburger Korrespondenz

»Vielleicht ist es gerade das Besondere dieses Buches, daß es nicht bei einer alltäglichen Kritik stehenbleibt, sondern aus dem Geiste der Frohbotschaft Jesu neue Formen des Christ- und Kirche-Seins zu entwickeln versucht. Im ›Zurück zur Praxis Jesu‹ muß sich gerade dieser Autoritätenwechsel vollziehen, in dem das Handeln Jesu zum Maßstab wird, in dem seine Autorität neu aufleuchtet und er der wahre Christos in Gottes Herrschaft und Reich ist ... Ein lesenswertes Buch mit vielen kritischen Anstößen.«

GEORG SCHÜTZ
in Ökumenische Rundschau

VERLAG JOSEF KNECHT · FRANKFURT AM MAIN

OTTMAR FUCHS

ZWISCHEN WAHRHAFTIGKEIT UND MACHT

Pluralismus in der Kirche?

272 Seiten, Paperback DM 29,80
ISBN 3-7820-0614-3

Progressiv oder konservativ, fundamentalistisch oder subjektivistisch?
Dieses Buch verabschiedet solche falschen Alternativen! Um einen konstruktiven Dialog in der Kirche wirklich zu ermöglichen, entwirft der Autor ein neues Modell »entfeindeter Koexistenz« und fordert den Schutz des Anderen in seinem Anderssein. Ein fundiertes und engagiertes Plädoyer für eine *Vielfalt* der Glaubensformen in der *einen* Kirche.

»Der Autor erarbeitet seine These bis in die letzten Konsequenzen, wobei er sich vor allem mit jenen auseinandersetzt, die zwar seine These bejahen, aber dabei auf halbem Wege stehen bleiben. Urmodell, an dem er sich orientiert, ist die ›Bibel als Lernschule der Pluralität‹.«

ANSELM BÜTLER
in Mariastein

»Für das Verständnis der Situation der Kirche und für Zielvorstellungen einer ›ecclesia semper reformanda‹ gibt dieses Buch viele Anregungen und hilfreiche Antworten.«

HEINRICH HANSMANN
in die katholische aktion

Durch alle Buchhandlungen

VERLAG JOSEF KNECHT · FRANKFURT AM MAIN